D1718614

Dr. Gerald G. Jampolsky & Diane V. Cirincione · Weckrufe

Dr. Gerald G. Jampolsky
Diane V. Cirincione

Inspiriert von Gedanken aus

A Course in Miracles,
Ein Kurs in Wundern

Verlag Alf Lüchow

Wake-Up Calls von Dr. Gerald G. Jampolsky und Diane V. Cirincione,
Copyright © 1992 Gerald G. Jampolsky und Diane V. Cirincione
ISNB 1-56170-055-X
Amerikanische Originalausgabe 1992 durch Hay House Inc.,
Carson, California, USA

Abdrucke der Zitate mit freundlicher Genehmigung aus *A Course in Miracles*,
Copyright © 1975, 1985, 1992 Foundation for Inner Peace, Inc.
P. O. Box 1104, Glen Ellen, CA 95442, USA
deutsche Ausgabe: *Ein Kurs in Wundern*
Greuthof Verlag, D-79261 Gutach i. Br.

»Die hier enthaltenen Gedanken stellen die persönliche
Meinung und das persönliche Verständnis des Autors dar
und nicht die der Foundation for Inner Peace.«

Aus dem Amerikanischen übersetzt von
Tatjana Kruse, Stuttgart

Die Deutsche Bibliothek – CIP-Einheitsaufnahme

Jampolsky, Gerald G.:
Weckrufe : inspiriert von Gedanken aus A course in
miracles, Ein Kurs in Wundern / Gerald G. Jampolsky ;
Diane V. Cirincione. [Aus dem Amerikan. übers. von
Tatjana Kruse]. – 1. Aufl. – Freiburg i. Br. : Lüchow, 1994
   Einheitssacht.: Wake-up calls <dt.>
   ISBN 3-925898-26-3
NE: Cirincione, Diane V.:

1. Auflage 1994
© Copyright der deutschen Ausgabe 1994
by Verlag Alf Lüchow, Freiburg i. Br.
Alle Rechte vorbehalten

Umschlaggestaltung: Atelier Wolfgang Traub, Sulzburg
Satz: Fotosetzerei G. Scheydecker, Freiburg i. Br.
Druck und Bindung: Freiburger Graphische Betriebe
Gedruckt in Deutschland
ISBN 3-925898-26-3

Widmung

Dieses Buch ist für all die Menschen geschrieben, die in den weltweit 85 unabhängigen *Centers for Attitudinal Healing* (Zentren zur Heilung von Einstellungen) einen Teil ihres Lebens dem freiwilligen Dienst zur Hilfe anderer Menschen widmen.

Sie geben anderen aus freien und offenen Herzen und haben entdeckt, daß Geben und Nehmen ein- und dasselbe ist. Durch ihre freiwilligen Dienste wurden sie zur Liebe erweckt.

Sie sind Zeugen der Macht der Liebe und beweisen, daß Geben eine Möglichkeit der Lebensführung sein kann. Mögen diese erweckten Seelen »Leit-Lichter« für uns alle sein.

Danksagungen

Wir möchten Jim Leary und Reid Tracy vom Hay House Verlag unseren tiefen Dank aussprechen. Sie ließen uns ihre Ermutigung, ihre Begeisterung und ihre Unterstützung zukommen, während wir an diesem Buch arbeiteten. Ebenso wollen wir Betty Karr, unserer lieben Freundin, die das Manuskript tippte, danken. Wir möchten auch unseren lieben Freunden Hal und Dorothy Thau danken, die uns viele hilfreiche Vorschläge unterbreiteten.

Wir möchten auch unsere stete Liebe und Dankbarkeit ausdrücken für Judith Skutch Whitson und Bob Skutch, den Verlegern von *A Course in Miracles* (Ein Kurs in Wundern, Greuthof Verlag), für ihre Erlaubnis, aus diesem Werk zu zitieren. *A Course in Miracles* wird auch in Zukunft eine Inspiration für unser Leben und unsere Bücher sein. Wenn wir direkt aus *A Course in Miracles* zitieren, werden wir dies durch ein * kennzeichnen. Es gibt auch einige anonyme Zitate, die mit ** gekennzeichnet sind.

Überall wohin wir reisen, beobachten wir, wie Menschen zu einer Botschaft aus ihrem Innern erweckt werden. Ein »Weckruf« scheint sie zu locken, aufzustehen aus einem tiefen Schlaf zielloser Träume, in denen sie sich verloren vorkommen und vergessen haben, daß das, wer und was sie sind, Liebe ist.

Dieser Ruf aus dem Innern deutet sanft an, daß es noch eine andere Art und Weise gibt, die Welt zu betrachten; eine andere Art und Weise zu leben; eine andere Art und Weise, zu glauben und zu denken; und daß es eine Möglichkeit geben muß, ein bedeutungsvolles Leben zu führen, bei dem wir alle in der Fülle der Liebe und in Abwesenheit von Furcht leben können. Dieser »Weckruf« ist der Ruf, in Harmonie und Zusammenarbeit zu leben, ein Leben der Einfachheit und Ausgeglichenheit zu führen, anstatt eines komplexen, chaotischen Lebens.

Obwohl die Welt oft voller Verwirrung und Verzweiflung ist, gibt es viele Menschen, die neue und kreative Wege finden, ihr Leben dem Geben und der Hilfe anderer zu widmen; ein Leben, bei dem spirituelle Prinzipien im täglichen Leben auf praktische Weise aktiviert werden.

Diese Menschen lernen, ihre Furcht vor der Vergangenheit und ihre Sorgen über die Zukunft loszulassen und im ewigen Augenblick des Jetzt zu leben. Sie schätzen die Augenblicke der Stille, anstatt die Augenblicke der Geschäftigkeit. Sie sind friedvoll, weil ihr Geist frei von konfliktträchtigen Gedanken ist. Sie bringen Licht in eine verdunkelte Welt. Ihr Leben drückt ihre Überzeugungen aus, da sie motiviert werden von Integrität, Beständigkeit und Aufrichtigkeit in dem, was sie denken, sagen und tun. Sie leben tatsächlich das, was sie sagen.

Wenn wir einen Blick zurück in die Vergangenheit werfen, gibt es da irgendeinen unter uns, der nicht gefangen war in der Geschäftigkeit der Welt, nur um in Hast, Belastung, Verwirrung, Müdigkeit, Überdruß, Ärger, Einsamkeit, Angst und Furcht zu enden? Viele von uns haben die Welt schon irgendwann einmal als unfair empfunden, wir fühlten uns oft als die unschuldigen Opfer der Verbrechen eines anderen.

Was die Welt am Laufen hielt, war im allgemeinen Schuld und Selbstverdammung unter dem Deckmantel eines so empfundenen Bedürfnisses, sich wuchernd auszubreiten, »anzugreifen« und »zu verteidigen«. Aufgrund unserer Prinzipien traten fortgesetzt Katastrophen, Kriege und Hungersnöte auf. Oft wurde dies von der Überzeugung begleitet, daß der klinische Tod das Ende der Fahnenstange sei; daß wir immer Gefahr liefen, abgelehnt, verlassen und isoliert zu werden. Viele von uns waren am Schluß wie erstarrt – unfähig, unseren eigenen emotionalen Puls zu fühlen.

Für viele von uns war es eine Welt der Sorge und des Konflikts, in der Angst, nicht Liebe, die Hauptrolle spielte; in der wir uns vor Liebe und Intimität fürchteten; und in der hinter jeder Ecke die Furcht davor lauerte, verletzt zu werden.

Es war eine Welt, in der es schwer war, mit Worten auszudrücken, wie wir uns innerlich fühlten. Trotz unserer Erfolge gab es in uns ein Gefühl der Leere, ein Gefühl des spirituellen Mangels, das in der Frage mündete, es müsse doch mehr am Leben dran sein als dies. Es gab einen wachsenden inneren Hunger und ein Verlangen nach einem Gefühl der spirituellen Erfüllung, das all die Dinge in unserem äußeren Umfeld niemals zu stillen schienen.

Wir hoffen, daß dieses kleine Buch in der Lage sein wird, praktische, gesunde Nahrung beizusteuern, die hilft, den »spirituellen Hunger« zu stillen, den so viele von uns heute verspüren. Wir hoffen, daß dieses Buch dazu beitragen kann, die Blockierungen unseres Bewußtseins gegenüber der Gegenwart der Liebe aufzuheben. Möge es helfen, uns aus unseren Illusionen der Trennung und aus unseren Träumen des Ärgers, des Hasses, der Schuld, der Selbstverdammung und Verzweiflung aufzuwecken.

Mögen diese »Weckrufe« uns daran erinnern, daß wir alle miteinander verbunden sind, als Eins vereint durch die Quelle, die uns erschuf. Wir können wieder frei werden, wenn wir uns daran erinnern, daß wir nicht hier sind, um zu urteilen, sondern um zu lieben. Es ist eine Liebe ohne Bedingungen, ohne Ausnahmen, ohne Erwartungen und

Vermutungen; diese Liebe fällt keine Urteile und ist einfach kontinuierlich damit beschäftigt, sich selbst zu entfalten.

Die Zeit ist gekommen, daß jeder von uns aufwacht und sich daran erinnert, daß – ungeachtet der Frage – die Antwort *Liebe* lautet. Dies ist ein »Weckruf« – er soll Sie an Gott erinnern und auch daran, daß wir in der wirklichen Welt Liebe sind; das Wunder der Liebe liegt in uns; Liebe ist alles und es gibt nichts außer Liebe.

Jerry Jampolsky   Diane Cirincione

Weckrufe

Ein Weckruf
führt zur Erinnerung
an Gott.

Heute wähle ich, an die liebevolle Quelle zu denken, die mich erschuf.

Sich an Gott zu erinnern oder welchen Namen Sie auch immer für die liebevolle Kraft wählen, die uns erschuf, das ist es, worum es beim »Aufwachen« geht. Es geht darum, sich daran zu erinnern, daß die Liebe uns erschuf und daß wir daher Liebe sind. Es geht darum, sich zu erinnern, daß wir spirituelle Wesen sind, die als Essenz der Liebe geschaffen wurden.

Kleines Kind,
du glaubst, du seist
an deinen Schatten gekettet.
Doch es ist nur ein Traum.
Wach auf,
und du wirst sehen,
daß du frei bist.

Heute will ich aufwachen und
die Ketten loslassen,
die mich an die Schatten
meiner Vergangenheit fesseln.

Unser Ego würde uns unsere Vergangenheit am liebsten wie Kaugummi an die Sohlen unserer Schuhe kleben. Die schmerzliche Vergangenheit ist Kugel und Kette des Egos und hält uns gefangen. Wenn wir aufwachen, wird der Schatten unserer Vergangenheit verschwinden und mit ihm Kette und Kugel.

Wach zu sein,
heißt
zu wissen,
daß wir nie getrennt sind.

Heute bin ich entschlossen, die gegenseitige Verbundenheit allen Lebens zu erkennen.

Gedanken der Liebe verbinden uns, und Gedanken der Furcht verursachen unser Gefühl der Trennung. Lassen Sie uns gläubig und vertrauensvoll einen Sprung wagen und glauben, daß das, was uns geschaffen hat, ausschließlich eine liebevolle Kraft ist. Lassen Sie uns die Gegenwart dieser Liebe für uns selbst akzeptieren. Wir können unseren Dank zeigen, indem wir diese Liebe allen anderen weitergeben.

Um ganz erwacht zu sein, lassen Sie uns unser Bestes tun, alle Urteile und Ängste loszulassen. Lassen Sie uns keine Trennung spüren zwischen unserer Quelle, uns selbst, anderen und allem, was lebt. Wir wollen uns lieber selbst daran erinnern, daß ganz erwacht zu sein bedeutet: durchdrungen von Liebe ganz lebendig zu sein.

Zu erwachen
bedeutet,
»das Jetzt zu sehen«,
anstatt das Vorher oder
das Nachher.

Heute werde ich mich für die Vision, »das-Jetzt-zu-sehen«, entscheiden.

Viele von uns leiden, weil wir enorme Energien darauf verwenden, über all die Dinge nachzudenken, von denen wir meinen, wir hätten sie tun können oder tun sollen. Oft sind wir so vertieft in unsere Ängste und Phantasien darüber, was uns die Zukunft bringen wird oder nicht, daß wir schließlich völlig die Gegenwart verpassen.

Die Liebe wird letzten Endes nur in der Gegenwart erfahren, denn der jetzige Augenblick ist die einzige Zeit, die es gibt.

Als wir auf die Welt kamen,
hat uns keiner erzählt,
daß wir zwischen
»locker« und »verspannt«
wählen könnten.

Gleichgültig, was heute geschieht,
ich werde es bereitwillig
»locker« angehen.

Viele von uns glauben, daß wir mit »überängstlichen«
Genen geboren werden, dazu bestimmt, konditionierte,
reflexartige Verhaltensweisen zu entwickeln und bei jedem
stressigen Ereignis, dem wir gegenüberstehen, »verspannt«
zu reagieren.

Wir wollen uns daran erinnern, daß wir zu jedem Zeit-
punkt unseres Lebens wählen können, »locker« zu sein,
anstatt »verspannt« zu reagieren.

Wenn unsere Herzen
offen für die Liebe wären,
bräuchten wir weniger
Herzoperationen.

Heute werde ich mich daran erinnern,
daß ich die Verantwortung für
meine Gesundheit übernehmen will;
Gesundheit wird für mich innerer Friede
und Heilung das Loslassen
der Furcht sein.

Wir neigen dazu, unsere Herzen vor anderen und vor
uns selbst zu verschließen, wenn wir der Ansicht sind,
daß wir zurückgewiesen wurden. Darauf folgt häufig unsere Angst vor der Liebe, und wir enden damit, daß wir
uns an Ärger und Verstimmung klammern in dem ver-
geblichen Glauben, daß uns unser Ärger schützen wird.
Stattdessen wird er in unseren Körpern heimisch und verursacht Krankheit und schlechte Gesundheit. Indem wir
unsere Herzen zur Heilung öffnen, beginnen wir, von der
Furcht loszulassen.

Zu erwachen bedeutet,
all unser Verlangen zu verlieren,
einen anderen Menschen
oder
uns selbst zu verletzen.

Ich werde versuchen,
heute daran zu denken,
daß ich glücklich sein kann,
wenn ich liebevolle Gedanken und Taten
auf andere und mich selbst richte.

Wir leben in einer Welt, die es unter bestimmten Umständen für richtig und gesund hält, andere zu verletzen. Es ist eine Welt, die uns dazu ermutigt, schuldig zu sein, uns selbst zu bestrafen und uns an unversöhnliche Gedanken zu klammern. Es ist eine Welt, die glaubt, daß jeder von uns entscheiden sollte, wer schuldig und wer unschuldig ist.

Lassen Sie uns die Wahl treffen, unsere bisherigen Überzeugungen zu verändern und keinen Wert mehr darin zu sehen, schmerzliche Gedanken oder Angriffe gegen andere oder uns selbst zu richten.

Wir leben in einer verkehrten Welt,
denn »Ruhe in Frieden«
sollte für die Lebenden,
nicht für die Toten gelten.

Heute entscheide ich mich, in Frieden zu ruhen.

Frieden zu haben, friedlich zu sein und in Frieden zu ruhen kann in diesem Augenblick erfahren werden. Es hat nichts mit dem Zustand unseres Körpers zu tun, jedoch alles mit unserer gegenwärtigen Geisteshaltung.

Jeder Augenblick trägt eine Stille in sich, in der wir friedlich ruhen können, ungeachtet dessen, was in der Welt draußen geschieht. Wir können in jedem Augenblick wählen, friedlich in uns zu ruhen.

Es gibt nur zwei Gefühle:
Liebe und Angst. *

Heute wähle ich,
Liebe statt Angst zu erfahren
und indem ich dies tue,
werde ich fähig sein,
das Maß der Tiefe, Intimität,
Klarheit und Zärtlichkeit
in all meinen Beziehungen zu erhöhen.

Es ist möglich, in dieser Welt zu leben, als ob es nur zwei Gefühle gäbe: Liebe und Angst. Wir können lernen, unseren Geist neu zu trainieren und zu glauben, daß die Menschen entweder liebevoll oder voller Angst sind, durch die sie uns anflehen, ihnen mit Liebe zu helfen. Wut, Zorn und Gewalt sind alles Aspekte der Angst.

Statt der Wahrnehmung, daß uns die andere Person attackiert, können wir die Ansicht wählen, daß dieser Mensch voller Angst ist und einen Hilferuf an uns aussendet. Unsere Herzen werden dann in der Lage sein, Mitgefühl mit diesem Menschen zu haben, anstatt unsererseits »anzugreifen«. Sobald wir uns einmal dafür entscheiden, nicht zurückzuschlagen, können wir in uns gehen und uns fragen, was wir denken, sagen und tun sollen.

*Kann es sein,
daß das Leben ausschließlich
davon abhängt,
welche Wahrnehmung vom Leben
wir wählen?*

Heute will ich daran denken,
daß alles, was ich wahrnehme
und erfahre, davon abhängt,
für welche Gedanken ich mich
entschieden habe.

Wenn wir auf die Stimme unseres Ego hören, sehen wir die Dinge durch den Filter der Angst. Wir sehen eine Welt voll Angst und neigen dazu, uns ängstlich, furchtvoll und schikaniert zu fühlen. Wir können uns entscheiden, keinen Wert darin zu sehen, uns an die furchtvollen, schmerzlichen Erinnerungen der Vergangenheit zu klammern. Wenn wir in unserem Geist nur liebevolle Gedanken hegen, werden wir ausschließlich eine liebevolle Welt wahrnehmen.

Ein Kurs,
der Ihr Schiff
sicher nach Hause führt,
hat die Richtung
auf den Seelenfrieden
als einziges Ziel.

Heute wird der Seelenfriede
mein einziges Ziel sein.

Der Weg zu einem friedvollen Tag führt nicht über zahlreiche, sich widerstreitende Ziele für uns selbst. Wir können heute alles sehr einfach halten, indem wir nur das eine Ziel haben, Seelenfrieden und den Frieden mit Gott zu haben. Denn hier sind die Mittel und das Ziel dasselbe.

Die Angst ist nie willkommen
und
überfällt dich immer von hinten.

Ich werde mich selbst daran erinnern,
daß ich nicht gleichzeitig Liebe und
Angst empfinden kann,
und daß ich am heutigen Tag
die furchtvolle Vergangenheit
loslassen werde.

Das Ich hortet überzähliges Gepäck, das voll ist von
alten Filmen der schmerzlichen Vergangenheit. So wie wir
diese alten Erinnerungen mit uns herumtragen, wird die
Gegenwart von all den alten Bildern aus der Vergangenheit überlagert. Wir horten diese alten Filme, weil es in
unserem Verstand einen Teil gibt, der in der Angst einen
Wert sieht, einen Teil, der von der Angst angezogen wird
und der uns das Gefühl vermittelt, daß Angst uns auf
irgendeine Weise gut tut. Wir wollen uns daran erinnern,
daß Angst niemals in der Gegenwart ist, sondern immer
in Bezug zu etwas aus der Vergangenheit steht, und oft
auf die Gegenwart und auf die Zukunft projiziert wird.
Wenn wir aufhören, in der Angst einen Wert zu sehen,
können wir unser altes Gepäck loslassen und wieder die
Gesamtheit der Liebe erfahren.

Wir sind in dem Moment erwacht,
wo wir erkennen,
daß nie jemand schuldig ist.

Heute entscheide ich mich,
weder mir noch anderen
die Schuld zuzuweisen.

Haben Sie jemals darüber nachgedacht, wieviel Zeit jeden Tag damit verbracht wird, anderen die Schuld zuzuweisen? Die Welt, in der wir leben, scheint einer allgemein beliebten Überzeugung anzuhängen, die besagt: »Wenn etwas schief geht, finde jemandem, dem du die Schuld dafür geben kannst.«

Es ist hilfreich, sich daran zu erinnern, daß jedesmal, wenn wir einen anderen Menschen angreifen, wir uns in Wirklichkeit selbst angreifen.

Wenn wir unseren Intellekt
zu unserem Gott machen,
verlieren wir
die Erfahrung von Gott.

Heute entscheide ich mich,
die Welt durch mein Herz,
und nicht durch meinen Intellekt
zu sehen.

Es ist sehr leicht, in die Falle zu geraten, die Welt nur durch unseren Intellekt zu sehen. Wir tun dies, wenn wir tief in uns ängstlich sind. Dies hat zur Folge, daß wir jeden Tag ungeheuer viel Zeit damit verbringen, unser Verhalten zu interpretieren, zu analysieren und zu bewerten, und läßt uns häufig mit viel Angst und ohne Liebe zurück.

Wenn wir erkennen, daß unser Intellekt die Erfahrung von Liebe nicht versteht, können wir die Entscheidung treffen, unsere Herzen als Filter zu benutzen, durch die wir die Welt sehen.

Eine der
größten Herausforderungen
unseres Lebens ist es,
mit uns selbst
Freundschaft zu schließen.

Heute will ich
all die Hindernisse einreißen,
die ich errichtet habe,
und Freundschaft mit mir selbst
schließen.

In dem Comic-Strip von Pogo hieß es einmal: »Ich zog aus, um den Feind zu finden, und entdeckte, daß ich der Feind war.« Aber in Wahrheit gibt es keinen Feind. Unser Ego hat Mauern errichtet, um das Licht zu verstecken, das immer in uns scheint. Wir wollen uns heute umarmen und uns selbst die Hände schütteln, während wir uns an dem sicheren Ort der Liebe in uns willkommen heißen.

*Die Gedanken in unserem
Kopf zu verändern
kann
unser Leben verändern.*

Heute werde ich mein Bestes tun,
um daran zu denken,
daß die Lösung jedes Konflikts
damit beginnt,
die Gedanken in meinem Kopf
zu verändern.

Wenn wir uns heute aus irgendeinem Grunde angegriffen, zurückgewiesen oder schikaniert fühlen, können wir uns daran erinnern, daß es letztlich nur unsere eigenen Gedanken sind, die uns verletzen. Wir können uns dafür entscheiden, unsere Gedanken in diesem Augenblick zu verändern, und wir können wählen, die Dinge anders zu sehen.

Eine der schwierigsten
Herausforderungen,
die Menschen kennen,
besteht darin, in den Spiegel
zu schauen und zu sagen:
»Ich liebe dich
von ganzem Herzen,
gerade so wie du bist.«

Ich will mein Bestes tun,
um heute mindestens dreimal täglich
in einen Spiegel zu schauen
und mir selbst zu sagen:
»Ich liebe dich von ganzem Herzen,
gerade so wie du bist.«

Viele von uns lieben sich selbst nicht bedingungslos. Wir akzeptieren uns selbst nicht und denken, wir wären liebenswerter, wenn unsere Nasen kleiner, unsere Augen schöner oder unsere Ohren anders geformt wären. Und was noch wichtiger ist: wir denken, wir wären liebenswerter, wenn wir uns in der Vergangenheit anders verhalten hätten.

Wir sind liebenswert und verdienen die Liebe heute.

Aufzuwachen
und Freiheit zu spüren heißt,
die Bindungen, die wir zu all
unseren Besitztümern haben,
loszulassen.

Heute will ich daran denken,
daß es nur die Liebe ist,
die mir Frieden und Glück
bringen kann.

Wir leben in einer Welt, deren Glaubenssystem Besitztümer mit Glück gleichsetzt. Besitztümer zu haben ist
gut, solange wir uns nicht darauf verlassen, daß diese uns
glücklich machen. Wir können auch einem Mangel an
Besitztümern nicht die Schuld für unsere Unglückselig-
keit geben. Es sind niemals die »Dinge«, die uns unglück-
lich machen, sondern unsere Bindung an sie. Wir können
reich an materiellen Gütern sein und arm im Geiste, und
wir können arm an materiellen Gütern sein und reich im
Geiste. Wie Mutter Teresa sagte, kommt es nicht darauf
an, wieviel wir im Leben haben oder tun, sondern wieviel
Liebe wir haben oder mit wieviel Liebe wir es tun.

Zu erwachen heißt,
Gott
in all unseren Beziehungen
an die erste Stelle zu setzen.

Heute bin ich bereit, Gott in all meinen Beziehungen an die erste Stelle zu setzen.

Viele unserer Beziehungen sind darauf aufgebaut, daß unsere eigenen Bedürfnisse an erster Stelle stehen. Sie sind auf Mangel aufgebaut, wo die Illusion der Liebe ein Geschäft oder ein Handel ist, und sie enden für gewöhnlich als Haß-Liebe-Beziehungen.

Auf der anderen Seite kommen zwei Menschen in einer heiligen Beziehung als Ganzes zusammen und glauben an die Fülle der Liebe. Sie vereinen ihren Willen, und dieser eine Wille wird individuell von ihrer inneren Stimme geführt.

Die Heilung der Einstellungen
basiert auf der Voraussetzung,
daß nicht die Menschen oder
Situationen der Vergangenheit
unser Durcheinander verursachen.
Letztendlich sind unsere
Gedanken und Einstellungen,
die wir in der Gegenwart über jene
Menschen und Situationen hegen,
Ursache unseres Kummers.

Ich will mich daran erinnern,
daß es nur meine
eigenen Gedanken sind,
die mich verletzen.

Die Dinge, die uns in der Vergangenheit schmerzten, schmerzen uns heute nicht wirklich. Was uns heute schmerzen kann, sind unsere Gedanken über jene Dinge. Doch heute können wir erkennen, daß es unsere Gedanken waren, die die schmerzliche Vergangenheit am Leben hielten.

Die Ursache dafür, daß wir unseren Frieden verlieren, liegt nicht in anderen Menschen, sondern in unseren eigenen Gedanken, Urteilen und Einstellungen über diese Menschen. Wenn wir die Verantwortung für unsere eigenen Gedanken übernehmen, wird die Welt, die wir sehen, sich verändern.

Die Gedanken, die wir denken,
schaffen die Wirklichkeit dessen,
was wir sehen und erfahren.
Die Verantwortung für all unsere
eigenen Gedanken zu übernehmen,
wird letztlich die Welt verändern.

Ich bin verantwortlich für das,
was ich sehe.
Ich wähle die Gefühle,
die ich erfahre.*

Verantwortlich zu sein für das, was wir sehen und erfahren, schließt nicht jene Vorwürfe mit ein, die in Schuldgefühlen resultieren. Stattdessen ermöglicht es uns zu wissen, daß wir teilhaben an der Erschaffung unserer Wirklichkeit, anstatt Opfer der Welt um uns herum zu sein.

Das Gesetz der Schuld besagt,
sich selbst oder einen anderen
zu bestrafen.
Der erste Schritt, diese Schuld
loszulassen, besteht darin,
nicht länger irgendeinen Wert
darin zu sehen,
sich an dieses Gesetz zu halten.

Heute nehme ich mir vor,
liebevoll zu sein,
indem ich weder mich selbst
noch andere in Schuldgefühlen bade.

Wollen Sie Ihre Last im Leben erleichtern? Wollen Sie
Rückenschmerzen, Kopfschmerzen, Nackenschmerzen
loswerden? Wollen Sie sich leichten Herzens fühlen und
wollen Sie, daß Ihr Sinn für Humor erblüht? Wollen Sie,
daß Ihr Ärger, Ihre Verstimmung und Ihre Reizbarkeit
sich in Luft auflösen? Wollen Sie sehen, wie Ihr Überdruß
und Ihr Druckgefühl verschwinden? Wollen Sie sich ener-
gievoller und voller Lebensfreude fühlen? Die Antwort
lautet, daß es möglich ist, all dies zu erfahren, indem Sie
das entdecken, was Ihnen Schuldgefühle verursacht und
die Ursache, warum Sie sich dafür entschieden haben, sich
daran zu klammern - und schließlich das Schuldgefühl
loslassen.

*Zu lieben
und anderen gefallen zu wollen,
ist nicht dasselbe.*

Heute werde ich nicht versuchen,
die Menschen dazu zu bringen,
mich zu mögen,
indem ich ihnen gefallen will.

Anstatt zu versuchen, Beliebtheitswettbewerbe zu gewinnen, ist es uns selbst und anderen gegenüber liebevoller, wenn wir in unserer Kommunikation immer ehrlich sind. Wenn wir versuchen, anderen Menschen zu gefallen, werden wir unwirklich, weil wir unsere wahren Gefühle verbergen, die später häufig in feindlicher Form wieder auftauchen. Ehrlichkeit läßt unsere Liebe frei fließen.

Die Wahrnehmung ist ein Spiegel,
keine Tatsache. *

Heute will ich daran denken,
daß das, was ich in der Welt sehe,
nur eine Reflektion der Gedanken
meines eigenen Geistes ist.

Wie anders wäre die Welt, wenn jeder von uns erkennen könnte, daß es unsere Gedanken sind, die unsere Wirklichkeit schaffen. Wenn wir ärgerliche Gedanken haben, sehen wir eine ärgerliche Welt. Wenn wir liebevolle Gedanken haben, sehen wir eine liebevolle Welt. Es sind unsere Überzeugungen, die bestimmen, was wir sehen. Was wir sehen, gründet sich auf das, was wir glauben und was wir erwarten. Wenn wir die Verantwortung für das, was wir sehen, übernehmen, wird die Welt, die wir sehen, diesen Wechsel sofort widerspiegeln.

*Wir müssen erkennen,
daß unsere Gedanken
so wichtig sind
wie unsere Handlungen
und daß ein einziger Gedanke
die Macht hat,
die Welt zu verändern.*

Heute werde ich mich unablässig
an die Macht meines
eigenen Geistes erinnern,
und ich werde danach streben,
positive, fürsorgliche und liebevolle
Gedanken zu haben.

Es gibt keine großen oder kleinen liebevollen Gedanken.
Alle liebevollen Gedanken sind gleichermaßen machtvoll
und fähig, alles, was existiert, zu berühren. Wenn wir die
Macht unserer eigenen Gedanken erkennen, werden wir
für die Art von Gedanken, die wir in unseren Köpfen
hegen, mehr Verantwortung übernehmen. Wir können
uns selbst daran erinnern, daß unsere Gedanken mächtig
sind und daß wir und unsere Gedanken einen Unter-
schied machen.

*Wenn Sie nicht einer der
vielen Patienten
Ihres Hausarztes sein wollen,
machen Sie es zu einer Priorität
in Ihrem Leben,
unendliche Geduld zu haben.*

Ich werde jeden Menschen,
der mir begegnet,
als meinen Lehrer für unendliche
Geduld betrachten.

Ungeduldig zu sein heißt, sich an die Zukunft zu klammern. Es heißt, so sehr in Eile zu sein, daß wir die Gegenwart aufgeben. Wenn wir vertrauen und daran glauben, daß Gottes Liebe immer in uns ist, besitzen wir unendliche Geduld und wissen, daß der Ort, an dem wir uns in der Gegenwart befinden, genau der Ort ist, an dem wir sein müssen.

Zärtlichkeit und Sanftheit
gehen Hand in Hand,
denn dort, wo es keine Angst gibt,
gibt es nur Liebe.

Heute will ich Zärtlichkeit
und Sanftheit lehren, indem ich sie
in meinem Leben ausdrücke.

Es heißt, daß nur die ganz Starken es jemals wagen können, sanft zu sein. Wenn wir uns dafür entscheiden, uns
selbst nicht als angegriffen zu betrachten, werden wir
keine Angst erfahren. Liebe ist, was wir sind, und Zärtlichkeit und Sanftheit sind der Wesenskern dieser Liebe.

*Berechtigter Ärger
bringt uns niemals
Seelenfrieden.*

Ich werde daran denken,
daß Ärger Teil unseres Menschseins ist
und daß ich deswegen
keine Schuldgefühle zu haben brauche.
Wenn ich Ärger verspüre,
werde ich mein Bestes tun,
um diesen Ärger zu respektieren,
ihn auf gesunde Weise auszudrücken
und dann keinen Wert mehr
darin zu sehen, am Ärger festzuhalten.

Ärger ist ein Teil des menschlichen Lebens und ist weder gut noch schlecht. Nur das, was wir dann aus Ärger tun, bringt uns in Schwierigkeiten. Unseren Ärger zu leugnen, zu unterdrücken oder ihn auf andere oder uns selbst zu entladen, verursacht nur weitere Konflikte. Wir müssen lernen, wie wir unseren Ärger erkennen können, wie wir ihn respektieren, erforschen und gesunde Wege finden, ihn auszudrücken. Und dann müssen wir uns von unserem Ärger lösen, indem wir in ihm nicht länger einen Wert sehen. Wenn wir Frieden erfahren wollen, so ist es hilfreich, uns daran zu erinnern, daß wir nicht unserem Ärger verhaftet sein und gleichzeitig Seelenfrieden erlangen können.

Eine der wichtigsten Fragen,
die wir uns stellen können,
bevor wir reden, lautet vielleicht:
»Bringen meine Worte
Vereinigung oder Trennung
hervor?«

Ich will mich daran erinnern,
daß der Zweck all meiner Beziehungen
in der Vereinigung liegt.

Häufig erfolgen unsere Aussagen und Fragen an andere in Gesprächsformen, die angreifen und trennen. Lassen Sie uns alle unsere Gespräche mit der Absicht beginnen, Verbundenheit mit anderen zu erfahren.

»Himmlische Amnesie« heißt,
die Vergangenheit loszulassen und
nur an die Liebe zu denken,
die wir gegeben und die wir
empfangen haben.

Die Vergangenheit ist vergangen, und ich kann mich dafür entscheiden, daß sie mich nicht länger verletzt.

Haben Sie es jemals mit himmlischer Amnesie versucht? Himmlische Amnesie befreit Sie garantiert von jeder Belastung. Sie besteht darin, die gesamte schmerzliche Vergangenheit loszulassen und ausschließlich daran zu denken, daß die Liebe alles überdauert. Unser lieber Freund Bill Thetford beschrieb die himmlische Amnesie als die Art selektiven Vergessens, die uns erlaubt, alles in der Vergangenheit loszulassen – außer der Liebe, die wir gegeben und die wir empfangen haben. Himmlische Amnesie erlaubt uns, die schmerzliche Vergangenheit nicht auf die Gegenwart aufzusetzen. Dieser Augenblick wird dann zu einer Wirklichkeit der Liebe.

Wir machen alle Fehler,
aber anstatt uns deswegen
schuldig zu fühlen,
können wir lernen,
sie als Irrtümer zu sehen,
die man korrigieren kann.

Heute will ich versuchen zu verstehen,
daß kein Wert darin liegt,
sich an Groll zu klammern,
und ich werde um Hilfe dabei bitten,
ihn loszulassen.

Groll und Liebe können nicht nebeneinander exisitieren. Zu erwachen heißt zu sehen, daß kein Wert darin liegt, sich an Groll zu klammern, und die Höhere Macht um Hilfe zu bitten, den Groll völlig loszulassen. All unseren Groll loszulassen, ungeachtet dessen, wie gerechtfertigt er scheinen mag, ist eine Entscheidung dafür, das Leid loszulassen.

Für viele von uns
sind die Menschen,
denen wir am schwersten
vergeben können,
unsere Eltern.

Ich bin bereit, meinen Eltern heute zu vergeben.

Ob unsere Eltern noch leben oder ob sie bereits gestorben sind, es ist möglich, ihnen alle Verletzungen, die sie uns unserer Meinung nach angetan haben, völlig zu vergeben. Zu vergeben bedeutet nicht, dem Verhalten unserer Eltern zuzustimmen oder es zu unterstützen. Es bedeutet einfach die Bereitschaft, in der Gegenwart zu leben, indem man die Vergangenheit losläßt.

Vielleicht hilft es Ihnen, sich daran zu erinnern, daß ungeachtet dessen, was uns unsere Eltern unserer Meinung nach angetan haben, und gleichgültig wie widerwärtig ihr Verhalten auch gewesen sein mag, es einfach möglich ist, daß wir uns bei gleicher Erziehung und Lebenserfahrung ähnlich wie sie verhalten hätten. Es ist möglich zu glauben, daß unsere Eltern sich nach bestem Wissen und Gewissen verhalten haben, auf der Grundlage ihrer eigenen, oft elenden und schmerzvollen Lebenserfahrungen.

Wenn wir denken,
daß uns jemand in der Gegenwart
aus der Fassung bringt,
so ist dies oft nur eine Projektion
aus einem unverheilten Konflikt
unserer Vergangenheit.

Ich rege mich
niemals aus dem Grund auf,
den ich meine.*

Wenn wir merken, daß uns jemand oder etwas, was in der Gegenwart geschieht, aus der Fassung bringt, kann es hilfreich sein, in sich zu gehen und herauszufinden, wo wir eventuell ähnliche Gefühle hinsichtlich einer Erfahrung der Vergangenheit haben. Wir können uns die Frage stellen: »Wann habe ich zum ersten Mal genau dieses Gefühl verspürt?« Dann entdecken wir vielleicht, was oder wem wir ursprünglich nicht vergeben haben. Der Vergangenheit zu vergeben kann nötig sein, bevor wir uns völlig mit der Gegenwart befassen können.

Die meisten von uns machen sich
gar nicht bewußt,
wieviel Zeit sie in ihrem Leben
damit verbringen,
das Spiel der Schuldzuweisung
zu spielen.

Heute treffe ich die Wahl,
jemand zu sein, der »Liebe findet«,
anstatt jemand, der »Fehler findet«.

Anstatt nach der negativen Seite des Lebens Ausschau zu halten und Fehler zu finden, können wir auf die positive Seite sehen und Liebe finden. Anstatt nach Dunkelheit in anderen zu schauen, können wir nach dem Licht suchen und dieses Licht als Reflektion unseres eigenen Lichts betrachten. Wir können uns entscheiden, loszulassen und nicht länger einen Wert darin zu sehen, das selbstzerstörerische Spiel der Schuldzuweisung zu spielen.

Es wird kein Weinen mehr geben,
wenn jeder der Überzeugung ist,
daß niemand wirklich stirbt.

Heute bin ich bereit,
den Tod einmal anders zu betrachten.

Die größte Angst in unserem Leben ist vielleicht die vor dem Tod, denn wir haben fälschlicherweise geglaubt, daß unsere einzige Identität auf den Körper beschränkt sei. Wir wollen den Tod einmal anders sehen und über das Folgende nachdenken: »Ich bin kein Körper. Ich bin frei. Denn ich bin nach wie vor, wie Gott mich schuf.«*

Wir wollen uns daran erinnern, daß wir als Gottes Schöpfung der Liebe ewig sind, niemals endend und zeitlos. Wir wollen versuchen, uns immer daran zu erinnern, daß das Leben und der Körper nicht dasselbe sind; und daher muß es keine Furcht geben, wenn der Körper zur Ruhe gebettet wird.

Liebe ist die Musik,
die uns sanft aus dem Schlaf
der Vergeßlichkeit weckt,
aus der Vergeßlichkeit,
daß das, was wir sind,
Liebe ist.

Wenn ich mich in meinem Denken
verstrickt habe,
werde ich mich daran erinnern,
daß es die Musik ist,
die mich davon befreien kann.

Musik ist die Medizin, die Gott uns gegeben hat, um zu heilen, uns zu nähren und die Welt mit anderen Augen zu sehen. Die Musik erlaubt uns, den analytischen Prozeß in uns zu stoppen und uns in eine andere Dimension zu begeben. Heute wollen wir uns daran erinnern, daß es eine uralte Melodie gibt, die in unseren Herzen spielt, und wir wollen uns dafür entscheiden, die Musik der Liebe zu hören.

Was im Leben zählt,
ist der Inhalt unserer Herzen
und nicht die Form oder der
Leistungsnachweis dessen,
was wir erreicht
und geleistet haben.

Heute entscheide ich mich dafür,
all meine Meßlatten für andere
und mich selbst, zu verbrennen.

Viele von uns haben Liebe dafür erfahren, wie gut wir uns benommen haben. Dies verstärkt die Illusion, daß Liebe käuflich sei, daß man mit ihr handeln könne. Wenn wir aufhören, die Liebe zu messen, erlauben wir ihr, ganz natürlich durch all das, was existiert, hindurchzuströmen.

Zu erwachen heißt,
uns von unserer inneren,
intuitiven Stimme,
die unser Führer zum Wissen ist,
die Richtung weisen zu lassen.

Heute will ich lernen, still zu sein
und die Stimme in mir zu fragen,
was ich denken, sagen und tun sollte.

Wir fällen oft Entscheidungen, die auf den angstvollen, schmerzlichen Erfahrungen der Vergangenheit basieren, ohne uns dessen wirklich bewußt zu sein. Heute wollen wir uns dafür entscheiden, all unsere Gedanken, Worte und Taten aus der Liebe kommen zu lassen. Wir wollen lernen, darauf zu vertrauen, daß uns unsere Innere Stimme der Liebe führt.

Wir sind am wachesten,
wenn unser Geist
still ist.

Heute werde ich mindestens
10 Minuten am Morgen
und 10 Minuten am Abend
mein Bestes tun,
um meinen Geist von allen
geschäftigen Gedanken zu leeren.

Eine alte indische Weisheit besagt, daß ein geschäftiger Geist ein kranker Geist ist; ein langsamer Geist ist ein gesunder Geist; und ein ruhiger Geist ist ein Göttlicher Geist.

Der stille Geist ist der erwachte Geist. Der stille Geist ist ein reger Geist. Der stille Geist ist der Geist voll grenzenloser Liebe. Wir wollen den Wert sehen, den es hat, einen ruhigen Geist zu besitzen und unseren Geist still werden lassen, auf daß wir die Fülle der Liebe erfahren mögen.

Jedesmal, wenn Sie vergeben,
wird ein neuer Stern des Lichts
geboren.

Heute will ich die Welt
durch meine Vergebung erleuchten.

Für viele von uns ist es schwierig zu glauben, daß die Wurzeln von Dunkelheit, Konflikt, Krieg, Armut und Unglück in unseren unversöhnlichen Gedanken liegen. Jeder von uns hat seine Rolle dabei zu spielen, wenn es darum geht, mehr Licht in die Welt zu bringen. Wir wollen einander helfen, uns durch unser eigenes Beispiel daran zu erinnern, daß es nur eine Sekunde braucht, um zu vergeben und Licht in eine oft so dunkle Welt zu tragen.

Wenn wir nur liebevoll und
freundlich sind,
so wird dies das Zeichen sein,
daß wir gelernt haben,
unseren Geist
still werden zu lassen.

Heute wird es meine Botschaft an den Tag sein, liebevoll und freundlich zu sein.

Leeren Sie Ihren Kopf von allem, was gesagt wurde. Lassen Sie alles los, was Sie gelesen haben, und vergessen Sie alles, mit dem Sie gefüttert wurden. Oder daß irgendeine Wahrheit darin läge, daß Sie jemals tot sein werden. Halten Sie sich ausschließlich an den Gedanken der Liebe, und zur Liebe werden Sie geführt.

Durch
unsere
eigene Selbstentdeckung
wird
die Welt
sich erholen.

Ich werde den heutigen Tag der Selbstentdeckung widmen.

Unser Ego sucht außerhalb unserer selbst nach Lösungen – für die Probleme der Welt ebenso wie für unsere eigenen Probleme. Aufzuwachen heißt, sich bewußt zu machen, daß wir am falschen Ort gesucht haben, und nun für all unsere Belehrungen und Problemlösungen in uns zu gehen.

*Vielleicht wäre die Welt
in einem besseren Zustand,
wenn wir mehr Zeit
damit verbringen würden,
uns auf den Inhalt unseres
Herzens zu konzentrieren,
anstatt auf die Form und Größe
unseres Körpers.*

Anstatt mich heute nur auf meinen
Körper zu konzentrieren,
werde ich meine Zeit damit verbringen,
mein Herz und meinen Geist
zu reinigen.

Unsere Zeitungen, Magazine, unser Fernsehen und unsere Radioprogramme betonen permanent den Körper. Sie konzentrieren sich auf unseren Körper, sie verlocken uns zu dem Versuch, unsere Form und Größe zu verändern und zu einem anderen Menschen zu werden! Wenn wir den Aufwand an Zeit, den wir für unseren Körper aufbringen, darauf konzentrierten, die Gedanken in unserem Geist und unserem Herzen zu reinigen, würde sich die Welt und wir alle darin uns umgehend besser fühlen.

Tief in uns
sehnen wir uns alle nach Liebe;
und doch ist es möglicherweise
die Angst vor Intimität,
die uns von ihr abhält.

Ich will meine Furcht vor Intimität loslassen, und ich bin bereit, andere »hereinzulassen-um-mich-zu-sehen.«**

Wir bekommen große Angst, wenn wir uns an Schuld, Scham, Wut und Furcht klammern. Wir haben Angst davor, anderen nahe zu sein, weil wir uns nicht liebenswert fühlen und fürchten, daß wir angegriffen werden. Wir machen alle Fehler; und es ist wichtig, daß wir uns selbst und anderen vergeben und aufhören, einander zu bestrafen.

Laßt uns keine Angst davor haben, andere unseren innersten Kern sehen und spüren zu lassen und wahrhaft verletzlich zu sein. Unsere Herzen mit anderen zu teilen ist die Essenz des Liebens.

Unsere liebenden Herzen,
nicht unsere Politiker,
werden die Welt verwandeln.

Ich werde mich daran erinnern,
daß es die Liebe in meinem Herzen ist,
die dazu beiträgt,
die Welt zu verwandeln.

Wir neigen dazu, anderen Menschen für die Sorge, um
alle möglichen Angelegenheiten und das Herbeiführen
positiver Veränderungen die Verantwortung zu übertra-
gen. Wir haben einen »Weckruf« empfangen, wenn wir
erkennen, daß die Verantwortung bei jedem von uns liegt
und daß das Mittel für eine solche Veränderung die Verwandlung ist, die in unseren eigenen liebevollen Herzen
vor sich geht.

Wir erwachen,
wenn wir erkennen,
daß wir nicht nur hier sind,
sondern daß wir
hier, dort und überall sind.

Ich werde nicht hektisch sein, sondern wirklich gegenwärtig mit jedem, den ich heute treffe.

Die Angst hält uns in Eile und Hektik. Unsere Liste der Dinge, die wir unserer Meinung nach eigentlich erreichen sollten, läßt uns den Tag häufig atemlos und sorgenvoll beenden. Das Herumrennen hält uns anscheinend derart beschäftigt, daß wir die Erfahrung der Schönheit des gegenwärtigen Augenblicks verpassen.

Heute wollen wir einen Wert darin sehen, unsere Schritte zu verlangsamen, und wir wollen jedem Augenblick still und ohne Hektik begegnen. Wir wollen uns darauf konzentrieren, jedem Menschen, den wir treffen, unsere ganze Aufmerksamkeit zu schenken und uns dabei nicht innerlich mit dem zu beschäftigen, was wir gerade getan haben oder was wir als nächstes tun müssen. Da unser Wesen die Liebe ist, wollen wir daran denken, daß unsere Liebe hier, dort und überall ist.

Alter ist eine Frage des Geistes
über die Materie.
Wenn es Ihnen nichts ausmacht,
kommt es auch nicht
darauf an. * *

(Ein Wortspiel in der englischen Sprache.
Der Originaltext lautet:
»Age is a question of mind over matter.
If you don't mind, it doesn't matter.«)

Heute will ich mein Alter akzeptieren
in dem Bewußtsein,
daß es für mich die perfekte Zeit ist.

Wir wollen uns von jeglicher Beklemmung über unser
Alter lossagen und die Tatsache feiern, daß wir alle in dem
für uns vollkommenen Lebensjahr stehen. Uns von unseren Ängsten über das Altern zu befreien gestattet uns, jeden Tag reine Freude zu erfahren.

Wenn wir die Alterslosigkeit unseres wahren spirituellen
Selbst feiern, kann unser Alter unsere Begeisterung, unseren Schwung und unsere Leidenschaft für das Leben vergrößern, anstatt sie einzuschränken und zu begrenzen.

Vielleicht würde die ganze Welt
vom Schmerz befreit,
wenn jeder von uns
die Verantwortung dafür
übernehmen würde,
all seine unversöhnlichen
Gedanken loszulassen.

Wenn ich aufgeregt bin,
werde ich mich daran erinnern,
daß ich mich an einen unversöhnlichen
Gedanken klammere,
und ich werde mich dafür entscheiden,
diesen loszulassen.

Unser Ego ruft all unsere Ängste und unversöhnlichen
Gedanken hervor. Es schafft die Wahrnehmung, daß Gott,
die Welt und jeder darin nicht liebenswert und lieblos sei
und unseren Ärger und unseren Zorn verdienen. Es sind
unsere unversöhnlichen Gedanken, die uns veranlassen,
eine schreckliche Welt wahrzunehmen, die voll ist von Ge-
trenntheit und die durch Gier, Angriffe, Ungerechtigkei-
ten und der Abwesenheit von Liebe zerstört wird. Heute
können wir unseren Teil tun und wählen, eine Welt des
Einsseins zu sehen, in der es nur Liebe gibt – indem wir
entscheiden, keinen Wert mehr in unseren unversöhnlichen
Gedanken zu sehen.

Wahres Vertrauen
ist ein Glaube,
der niemals rostet.

Heute will ich kein
zweifelnder Thomas sein,
und ich bin bereit, der Liebe,
die mich schuf,
mit unerschütterlichem Glauben
zu vertrauen.

Vertrauen ist eine uralte Erinnerung an die Liebe, und
wir erfahren es tief in uns. Vertrauen hat nichts zu tun mit
dem, was uns die Sinne unseres Körpers sagen, oder mit
unserem Verhalten. Es geht um die Bereitschaft, das Licht
der Liebe in anderen, in uns selbst und in unserer Ewigen
Quelle zu erkennen.

Vielleicht ist es unsere Angst
vor der Liebe,
die uns bei so vielen unserer
Beziehungen
Schiffbruch erleiden läßt.

Ich will die Liebe
heute nicht fürchten.*

Wir besitzen ein Ego, das die Verletzungen und Zurückweisungen der Vergangenheit schätzt. Unser Ego erzählt uns, daß Beziehungen nicht sicher sind, daß wir nie sicher sein können, ob andere uns verletzen oder zurückweisen, und daß wir aus unseren Erfahrungen der Vergangenheit lernen sollten, uns vor der Liebe zu fürchten. Heute ist der Tag, an dem ich nicht auf die Stimme meines Egos hören werde. Stattdessen werde ich der Inneren Stimme lauschen und auf die Liebe vertrauen.

Bedingungslose Liebe
ist frei
von Urteilen und Verurteilungen.

Heute will ich bedingungslos lieben und hinter die Handlungen und das Verhalten anderer sehen.

Wir lieben uns selbst und andere, wenn wir uns nicht mißbrauchen lassen, an dem krankhaften Verhalten anderer teilzunehmen. Bedingungslose Liebe bedeutet nicht, die Verrücktheit eines anderen Menschen zu unterstützen. Wenn wir bedingungslos lieben, beurteilen wir andere nicht länger. Wir sind dann bereit, in uns zu gehen und uns zu fragen, was wir hinsichtlich dieser Beziehung denken, sagen und tun müssen. Die Antwort kommt dann aus der Liebe anstatt aus Wut, Verärgerung, Verurteilung und Schuldzuweisung.

Liebe liegt immer in der Luft,
wenn Sie sich die Zeit nehmen,
sich um andere zu kümmern.

Heute werde ich mir die Zeit nehmen, mich um andere zu kümmern.

Wir leben in einer Welt, in der viele von uns den Blick für Prioritäten verloren haben, für das, was wirklich im Leben zählt. Wir geraten so oft in selbstsüchtige Interessen und erledigen eine endlose Liste bedeutungsloser Dinge. So viele von uns haben dunkle Nächte der Seele erfahren, weil wir vergessen haben, daß das Wesen des Lebens darin liegt, sich umeinander zu kümmern.

Wenn es ebenso wichtig wird,
die Natur zu erfahren
wie zu atmen,
dann werden unsere Seelen
genährt.

Ich werde meine Seele nähren,
indem ich mich in der Natur aufhalte
und eins mit ihr werde.

Ist es möglich, daß alle Lösungen der Lebensprobleme in der Natur zu finden sind? Ist es möglich, daß in der Natur all die Antworten auf die Geheimnisse des Lebens liegen? Und ist es möglich, daß wir eine Seelenverwandtschaft mit Gott erreichen, wenn wir mit unseren Händen die Scholle bearbeiten?

Bäume sind
weise spirituelle Lehrer,
die uns die Geheimnisse
des Lebens
lehren können.

Heute
werde ich mir die Zeit nehmen,
mindestens einen Baum zu umarmen.

Haben Sie schon jemals bemerkt, daß Bäume niemals in Eile sind und daß sie sehr wohl um das Geheimnis der Stille und der Ruhe wissen? Sie sind meisterliche Lehrer der Geduld und der Gelassenheit. Bäume wissen, wie standhaft sie sein können, wenn sie ihre Köpfe aufrecht in den Himmel strecken, und sie sind klug genug, um flexibel gegenüber jeder vorbeiziehenden Windboe zu sein. Sie spenden gern ihre Blüten und ihren Schatten und sind weise Lehrer dessen, worum es im Leben wirklich geht. Bäume bringen allem Leben viel Liebe entgegen, und sie verdienen es wirklich, von uns liebevoll umarmt zu werden.

Das Leben zu leben und
aufzuwachen heißt,
ein Leben der Liebe zu führen.

Ein Leben der Liebe
zu führen heißt,
ein Leben der Hingabe zu führen.

Ein Leben der Hingabe
zu führen heißt,
ein Leben zu führen,
in dem Liebe alles ist,
an das Sie sich erinnern.

Heute will ich aufwachen und
ein Leben der Hingabe führen,
in dem die Liebe alles ist,
an das ich mich erinnere.

Wir wollen uns heute in Liebe miteinander vereinen. Die
Liebe soll unser Leitstern sein, wo immer wir auch sind.
Niemand – wir selbst auch – soll von unserer Liebe ausgeschlossen werden. Wir wollen uns der Liebe hingeben,
auf daß sie jeden unserer Atemzüge und Herzschläge
durchdringt, jeden Gedanken und alles, was wir tun.

Jeder Augenblick ist eine
neue Gelegenheit,
das Leben durch die Liebe
des Schöpfers
neu zu erfahren.

Heute will ich nicht länger versuchen,
andere Menschen in die Schubladen
zu pressen,
die ich für sie bereithalte.

Wir können damit aufhören, unsere Liebe zu anderen
darauf zu gründen, wie sie handeln oder wie sie sich auf-
führen. Wir können damit aufhören, ihr Verhalten zu interpretieren und der Richter darüber zu sein, ob sie schuldig oder unschuldig sind. Wenn wir aufhören, andere in
unsere Schubladen zu pressen, werden liebevolle Beziehungen grenzenlos.

*All unsere Kontrollen aufzugeben
ist der beste Weg,
durch das Leben zu steuern.*

Heute will ich den Sprung
des Glaubens wagen
und will die Stimme der Liebe
mein Leben leiten lassen.

Wir versuchen, andere zu beherrschen, wenn wir unserer selbst unsicher sind. Wenn wir von dem Versuch ablassen, andere in die Form zu pressen, die sich unser Ego für sie ausgedacht hat, lernen wir, zu vertrauen und an die Führende Kraft in unserem Leben zu glauben, die uns stets mit Liebe leitet.

Die Natur ist nicht einfach
die Umwelt, in der wir leben,
sondern ein Aspekt
unseres Selbst,
der sich in allem ausdrückt.

Wenn ich daran denke,
daß ich ein Teil all dessen bin, was ist,
fange ich an, für alles besser zu sorgen,
sowohl in mir als auch außerhalb
von mir.

Die Natur bleibt unsere Lehrerin, die uns fortwährend auf die Schönheit, Harmonie und Wandlung, die um uns herum stattfindet, aufmerksam macht. Sie erinnert uns an die Verbundenheit von allem, was diesen Planeten bewohnt, wobei sie uns die Gelegenheit bietet, für alles, was lebt, zu sorgen, als ob wir es selbst wären ... was wir auch sind.

Eine der größten Freuden,
die wir in dieser Welt erfahren,
liegt darin,
einem anderen Menschen
zu helfen.

Die Qualität meines Lebens wird dadurch bestimmt, wieviel ich anderen gebe.

Ein alter Spruch sagt: »Ein freiwilliger Helfer ist jemand, der seine Hand in die Dunkelheit streckt, um einer anderen Hand ins Licht zu verhelfen, nur um zu entdecken, daß diese andere Hand seine eigene ist.«**

Wir wollen uns darauf konzentrieren, unsere Hand helfend auszustrecken, wo immer wir auch sein mögen. Während wir unsere Herzen noch mehr öffnen, erfahren wir die größte Freude, da wir uns selbst umarmen.

Wenn wir wahrhaft
an Gleichheit glauben,
müssen wir auf eine
Art und Weise leben,
daß sich dies in jedem Aspekt
unseres Lebens widerspiegelt.

Heute werde ich andere
und mich befreien,
indem ich jeden Menschen
wahrhaft als gleichwertig sehe –
ungeachtet seines Alters,
seines Geschlechts oder seiner
Erfahrung.

Wir können heute jeden Menschen als unseren Lehrer
betrachten. Wenn wir uns selbst anderen gegenüber nicht
für überlegen halten, werden wir Schüler/Lehrer und
Lehrer/Schüler füreinander in dem Wissen, daß es vieles
gibt, was wir voneinander lernen können, wenn wir uns
begegnen.

Wenn wir uns unserer Gedanken kritisch bewußt sind, so
erlaubt uns das, uns gegen alte Denkweisen zu wappnen,
in denen wir durch Worte oder Taten Ungleichheit ausgedrückt haben.

Das Ende der
Einsamkeit kommt,
wenn Sie der
ständigen Gegenwart Gottes
in Ihrem Leben
vertrauen.

Wenn ich bereit bin,
die Gegenwart Gottes zu spüren,
werde ich nicht einsam sein.

Wenn wir bereit sind, an eine andere Wirklichkeit zu glauben als an die unserer eigenen körperlichen Wirklichkeit, dann gibt es so etwas wie Einsamkeit und das Gefühl der Trennung nicht mehr. Wenn wir an das glauben, was wir nicht sehen, fühlen oder berühren können, werden wir erkennen, daß wir keinen Körper brauchen, um zu kommunizieren. Wenn wir erkennen, daß unser Geist kommunizieren kann und daß es einen universellen Geist gibt, von dem wir alle ein Teil sind, dann verschwindet die Illusion der Einsamkeit.

Das größte Geschenk, das
wir
uns selbst geben können,
ist,
in der Gegenwart zu leben.

Heute will ich mir selbst das Geschenk machen, in der Gegenwart zu leben.

Ob wir wählen, in der Vergangenheit, in der Gegenwart oder in der Zukunft zu leben – es ist immer eine Wahl. Was wir wählen, hängt von unseren Überzeugungen ab, von dem, was uns unserer Meinung nach gut tut. Wir wählen unsere Überzeugungen und welche Gedanken wir in unserem Kopf haben. Wenn wir nicht nur glauben, sondern in der Tiefe unseres Wesen wissen, daß wir die Gegenwart Gottes ausschließlich in der Gegenwart erfahren, wird die Entscheidung, in der Gegenwart zu leben, mühelos getroffen.

Eine der schönsten Aspekte
von Kindern
ist ihre Unschuld,
die uns an unsere eigene
erinnern kann.

Heute will ich das unschuldige Kind, das immer noch in mir lebt, neu entdecken.

Viele von uns haben unser Bewußtsein gegenüber der Reinheit des unschuldigen Kindes, das in uns ruht, verschlossen. Stattdessen haben wir Samen gesät, die zu dunklen Wäldern der Schuld heranwachsen. Wir können wählen, unsere selbst-auferlegte Schuld loszulassen und die Unschuld des Kindes in uns leuchten zu lassen.

Wenn wir Erwachsene betrachten, neigen wir dazu, nur deren Kostüme und Masken zu sehen. Anders ausgedrückt, wir werden mehr vom Rahmen angezogen als vom Bild selbst. Wir können immer wählen, in anderen das unschuldige Kind zu sehen, was wiederum uns dazu dienen kann, uns an unsere eigene Unschuld zu erinnern.

Spirituelles Wachsen geschieht
in dem Augenblick,
in dem wir alle Wesen
aus dem Tierreich
lieben und respektieren,
als ob wir es selbst wären.

Heute ist ein Tag meiner
spirituellen Erneuerung,
weil ich den Tag
damit verbringen werde,
das Tierreich zu lieben
und zu respektieren.

Es ist so leicht für uns, Tiere und Insekten als selbstver-
ständlich zu betrachten und uns nicht klar zu machen,
daß auch sie lebende Organismen sind. Bis wir alles Leben gleichermaßen lieben, werden wir spirituell leer sein.
Vielleicht werden wir erst dann in der Lage sein, uns als
Ganzes zu fühlen, wenn wir fähig sind, alles, was lebt, mit
Liebe, Respekt und Würde zu behandeln.

Es gibt ein Licht,
das in jedem von uns scheint
und das alle Dunkelheit
vertreibt.

Laß mich hinter die Masken
derer schauen, denen ich begegne,
und nur das Licht der Liebe sehen.

Unser wahres Selbst spiegelt das Licht von Gottes Liebe
wider, treibt mit seinem Licht alle Dunkelheit aus und
vereint uns zu einem einzigen Ganzen. Unser Ego will
uns nur das Verhalten der anderen sehen lassen, das oft
eine Form der Dunkelheit und Furcht sein kann. Was wir
sehen, gründet sich auf unseren Glauben. Wir können
wählen, was wir glauben. Daher können wir auch wählen,
nur das Licht der Liebe zu sehen, das in allen von uns
leuchtet.

Um fähig zu sein,
Frieden und Liebe in ihrer
Fülle zu erfahren,
muß das Vergeben so wichtig
und so ununterbrochen werden
wie das Atmen.

Heute werde ich jeden Menschen als einen Lehrer der Vergebung betrachten.

Unser Ego hätte es gern, daß wir viele Menschen, denen wir begegnen, als potentielle Gegner betrachten, die unversöhnliche Dinge tun. Es läßt uns glauben, daß wir hier sind, um die Schuld anderer Menschen zu bestimmen und sie dadurch zu bestrafen, indem wir ihnen unsere Liebe entziehen.

Eine andere Möglichkeit, die Welt zu sehen, ist, jeden Menschen als unseren Lehrer der Vergebung zu betrachten. Wir können erst Frieden haben, wenn alle unsere Beziehungen geheilt sind. Nicht einmal ein einziger Mensch kann ausgeschlossen werden, wenn wir vollkommenen inneren Frieden erfahren wollen. Wir müssen daran denken, daß 90 % der Vergebung nicht funktioniert, es müssen 100 % sein. Man kann es mit einer Schwangerschaft vergleichen. Entweder man ist schwanger oder man ist es nicht.

Einsamkeit ist ein Freund,
kein Feind.
Lernen Sie, die Einsamkeit
zu schätzen,
ihr zu vertrauen
und sich an ihr zu erfreuen.

Heute bin ich motiviert,
eine gewisse Zeit der Einsamkeit
für mich selbst zu reservieren,
und ich werde die Einsamkeit
zu meinem lieben Freund machen.

Wir wollen heute keine Angst vor der Einsamkeit und dem Alleinsein haben oder uns vor unseren eigenen Gedanken fürchten. Wir können die Gelegenheit begrüßen, mit uns selbst und mit dem Universum in der Stille des Augenblicks Freundschaft zu schließen.

Bei vielen Problemen
scheint eine Lösung
unmöglich zu sein,
weil wir uns auf das Problem
konzentrieren,
anstatt auf die Lösung.

Heute werde ich mich
auf die Lösung: Liebe konzentrieren,
und indem ich dies tue,
darauf vertrauen, daß das,
was ich für ein Problem hielt,
sich langsam auflösen wird.

In der Vergangenheit schienen wir in einer Welt zu leben, in der bisweilen Probleme und Konflikte auftraten, bei denen eine Lösung unmöglich erschien. Heute wird es anders sein. Wir wollen nicht an das Wort »unmöglich« glauben, sondern wollen bereit sein zu glauben, daß Liebe die Antwort auf all unsere eingebildeten Probleme ist.

*Wenn jeder von uns
glauben würde,
daß das Lachen genauso
wichtig ist wie das Essen,
würden wir alle
leichter, gesünder und glücklicher
durchs Leben gehen.*

Heute bin ich fest entschlossen,
mindestens drei Mahlzeiten
des Lachens
über mich selbst oder
über irgendeine Situation
zu mir zu nehmen.

Wir wollen nicht so kurzsichtig sein, daß wir die lustige Seite des Lebens verpassen. Wir wollen uns darauf konzentrieren, heute einen Sinn für Humor zu haben, und bereit zu sein, leidenschaftlich mit unserem ganzen Körper zu lachen, so wie Babys es uns beibringen. Wir können lernen, die Freude und die Freiheit zu sehen, die dann entsteht, wenn wir mit unserem ganzen Sein lachen.

Die größten und wichtigsten
Veränderungen
zur Verbesserung der Welt
treten dann auf,
wenn die Menschen wählen,
zwei Öffnungen zu haben:
einen offenen Geist und
ein offenes Herz.

Heute will ich die Öffnungen meines Geistes und meines Herzens erweitern.

Wir wollen bereit sein, all die Werte, die unserem Herzen so nahe sind, in einem neuen Licht zu sehen, und wir wollen unseren Geist geöffnet halten für alle neuen Gedanken, Ideen und Überzeugungen. Wir wollen bereit sein, unsere Herzen zu öffnen und Liebe zu geben und zu empfangen, indem wir all die Urteile loslassen, die wir gegen andere Menschen und gegen uns selbst hegen.

Vielleicht ist es besser,
verspielt durchs Leben zu gehen,
anstatt als Workaholic.

Heute werde ich spielerisch
und liebevoll sein,
anstatt all meine Gedanken
hinter meiner Arbeitswut
zu verstecken.

Viele von uns verstecken ihre Gedanken vor sich selbst, indem sie die ganze Zeit arbeiten. Das ist beinahe so, als ob wir vor unseren eigenen Gedanken Angst hätten. Ausgeglichenheit ist wichtig und nicht ständiger Ernst im Übermaß. Laßt uns diesen Tag spielerisch und unbeschwert gestalten.

*Ein wirklich kreativer Mensch
befreit sich
von allen selbst-auferlegten
Begrenzungen.*

Dies ist der Tag,
an dem ich meinen Geist
nd mein Herz
dem Feuer der kreativen Energie
öffnen werde,
indem ich all meine
selbst-auferlegten Begrenzungen
loslasse.

Heute können wir all unsere alten Überzeugungen von dem, was wir unserer Meinung nach können oder nicht können, loslassen. Wir können einen imaginären Pinsel benützen und ein Bild dessen malen, was unser Herz uns zu tun heißt, um der Welt und uns selbst die größte Freude und Liebe zu bringen – und es dann auch wirklich tun. Dies ist der Tag, an dem wir uns selbst die Kraft geben, nicht an das Unmögliche zu glauben, sondern an unsere Träume zu glauben.

Wenn wir deprimiert sind,
so leugnen wir letztendlich
irgendwo tief in uns die
Gegenwart Gottes.

Wenn ich mich aus irgendeinem Grund
heute deprimiert fühlen sollte,
so werde ich mich daran erinnern,
daß ich die Entscheidung treffen kann,
mich an Gott zu erinnern.

Wir können uns jeden Tag an die Freude erinnern, die
wir erleben, wenn wir daran denken, daß wir immer mit
Gottes Herzen verbunden sind. Wenn wir beunruhigt
oder deprimiert sind, so heißt das im Grunde, daß wir uns
abgetrennt haben, daß wir vergessen haben, uns zu erinnern, und daß wir den Glauben und das Vertrauen in
Gottes Liebe verloren haben.

*Ihnen wird nie der
Sprit ausgehen,
wenn Sie »seelische« Energie
tanken.*

Heute will ich spüren,
wie Gottes grenzenlose,
liebevolle Energie
durch meine Adern pulsiert.

Wenn wir von Gott inspiriert sind, dann versorgt uns eine unaufhörliche Energiequelle. Es ist unsere Seelenverbindung mit Gott, die uns vitalisiert und belebt und die es uns erlaubt, uns über unsere Vorstellungen hinaus emporzuschwingen.

So wie die Stille
der Fußabdruck Gottes ist,
so sind Geschwätz, Lärm und
die Geschäftigkeit der Welt
die Fußabdrücke des Egos.

Heute bin ich bereit,
den Frieden Gottes
in der Stille
zu finden.

Wenn wir die Stille schätzen, so erinnert uns dies daran,
daß der höchste Zustand der Liebe keiner Worte bedarf.
In dieser Stille können wir die Gegenwart des Frieden
Gottes finden.

Wenn jeder Schritt,
den die Menschen machen,
ein Schritt in Richtung
Vergebung wäre,
gäbe es nur Frieden.

Heute wird meine Aufgabe
darin bestehen,
jeden Schritt, den ich mache,
zu einem Schritt der Vergebung
zu machen.

Wir leben in einer Gesellschaft, die oft denkt, es sei vernünftig und gesund, unversöhnlich zu sein. Wir wollen uns heute ändern, indem wir daran denken, daß der einzige Weg zu Vernunft und Gesundheit über Vergebung und Liebe führt.

Zu erwachen heißt,
Unkraut
als von Gott erschaffene Schönheit
zu sehen.

Ich entscheide mich,
meine Liebe nicht zu begrenzen,
indem ich alles würdige,
was erschaffen wurde.

Wir leben in einer Welt, die zu glauben scheint, daß eine Rose schöner ist als ein Unkraut. Nur das Ego kategorisiert und stellt Vergleiche an. In der Welt von Gottes Liebe geht es um den Inhalt der Liebe, nicht um die Form. Lassen Sie uns unsere eigenen sogenannten »Unvollkommenheiten« lieben, wie auch die der anderen. Wir wollen nur den Inhalt der Liebe sehen, der sich in allem, was existiert, widerspiegelt – ungeachtet der Form.

Um dahin zu kommen,
wohin Sie gehen wollen,
müssen Sie zuerst den
Ort verlassen,
an dem Sie gerade sind.**

Ich bin bereit,
offen dafür zu sein,
mich heute zu verändern.

Es ist ja so leicht, unverrückbar in unseren Glaubenssätzen festzustecken und sich gegen jegliche Veränderung zu wehren. Um erfolgreich in dieser Welt zu leben, müssen wir so biegsam werden wie die Äste eines Baumes, und wir müssen lernen, uns im Wind zu wiegen, und dennoch die ganze Zeit fest im Boden verwurzelt sein.

Wir können aus jeder Situation,
in der wir uns befinden, lernen,
ungeachtet dessen,
wie wenig wünschenswert
die Situation
scheinen mag.

Es ist mein Wunsch,
mich daran zu erinnern,
daß ich alles, was mir heute zustößt,
als eine positive Lektion
betrachten kann,
aus der Gott mich etwas
lernen lassen will.

Gleichgültig, was heute geschieht, wir können uns entscheiden, uns selbst nicht als Opfer zu sehen, die so handeln, als ob Gott vom Himmel aus Ziegelsteine auf uns
wirft. Wir können wählen, Glauben und Vertrauen zu
haben, daß alles, was uns geschieht, letztendlich eine positive Lektion ist, durch die Gott uns etwas beibringen will.

Kinder,
die Feen sehen
und mit ihnen sprechen
oder imaginäre
Spielgefährten haben,
sind nicht verrückt.
Sie zeigen uns ganz einfach
den Weg.

Heute will ich die Welt
durch meine Imagination erforschen.

Wir haben unsere Wirklichkeit begrenzt, indem wir dachten, wir müßten die Dinge mit unseren Augen sehen können. Man müsse sie berühren, wiegen und messen können, damit sie real seien. Wir haben unglücklicherweise die Welt der Kinder vergessen, in der wir einmal lebten, in der wir an das Unsichtbare glauben konnten und in der die Wirklichkeit unserer imaginären Welt ebenso real war – wenn nicht gar realer – als die physische Welt. Wir wollen von den Kindern diese neue Realität lernen, die uns die kreative Imagination bringen kann. Wieder einmal können wir daran denken, daß »ein kleines Kind uns führen soll.«

*Vergebung heißt,
alle Hoffnung
auf eine bessere Vergangenheit
aufzugeben.***

Das Geheimnis
positiver, liebevoller Beziehungen
n der Gegenwart liegt darin,
die unverheilten Beziehungen
in unserer Vergangenheit
zu heilen.

Es gibt viele starke Lehrer der Vergebung, die in unser Leben treten und uns neue Gelegenheiten bieten, eine Wahl zu treffen zwischen Verurteilen und Verdammen oder Vergeben und Lieben. Jeder Augenblick unseres Lebens ist dazu da, um wieder neu zu wählen.

Wir halten unseren Schmerz aus der Vergangenheit oft am Leben und erleben ihn erneut, als ob er heute immer noch geschähe. In Wirklichkeit wird sich der Vorfall niemals ändern, nur die Art, wie wir ihn wahrnehmen, verändert sich.

*Vielleicht besitzen wir wirklich
unsichtbare Flügel,
denn wenn wir voller Liebe sind,
haben wir ein Gefühl,
als könnten wir
fliegen.*

Heute werde ich mit meinen
Flügeln schlagen,
indem ich mein Herz
mit Liebe schüre.

Wenn wir uns selbst mit Schuld und Ärger füttern, drük-
ken wir uns zu Boden.

Haben Sie jemals bemerkt, wie die Schwerkraft zu verschwinden scheint und um wieviel leichter wir uns fühlen, wenn wir uns darauf konzentrieren, anderen zu helfen, indem wir unsere Liebe weitergeben?

Eine Müllabfuhr
für unseren Geist
wäre äußerst hilfreich,
um die Umwelt zu reinigen
und das Gesicht der Welt
reinzuwaschen und
zu verbessern.

Heute will ich daran denken,
daß es meine eigenen Gedanken sind,
die die Welt, die ich sehe,
bestimmen, und
indem ich dies tue, übernehme ich
die Verantwortung
für mich selbst und für den Planeten.

Gedanken der Negativität, des Ärgers, des Hasses, der
Eifersucht, der Besitzgier, der Furcht und der Schuld halten uns von der Erfahrung dessen ab, wer und was wir
sind. Sie machen uns vor der Liebe Angst und lassen uns
unsere Beziehungen wegwerfen. Jene, die eine Wegwerf-
mentalität in Bezug auf ihre Beziehungen einnehmen, neigen dazu, auch der Umwelt gegenüber eine Wegwerfhal-
tung einzunehmen. Wir wollen uns vorstellen, daß wir
eine geistige Müllabfuhr hätten, und jedesmal, wenn wir
in die Versuchung geraten, einen negativen Gedanken zu
hegen, können wir auf den Knopf drücken und ihn loswerden.

Dankbarkeit ist keine Platitüde.
Sie ist ein Lebensstil.

Ich erwache an diesem Tag
mit Dankbarkeit
für alles,
was mir gegeben wurde.

Ein Tag, den wir in Dankbarkeit verleben für alles, was
uns geschieht, selbst wenn wir es vielleicht nicht verstehen und es nicht unseren Planungen gemäß lief, ist ein
Tag, an dem wir inneren Frieden erfahren. Wenn wir aus
allen unseren Erfahrungen etwas Positives lernen, sind
wir später in der Lage, aufgrund dieser Erfahrung anderen zu helfen.

Das Geheimnis,
Freude zu erfahren,
liegt darin,
sich des Glücks wert zu fühlen.

Ich will heute die Freude
des Glücks erfahren,
weil das Glück mein Erbe und
mein natürlicher Zustand ist.

Wir wuchsen in einer Welt auf, die die Liebe davon abhängig machte, wie gut wir uns aufführten. Wer ist nicht schon als Kind wie auch als Erwachsener mit abertausenden von »Ich würde dich lieben, wenn« bombardiert worden? Viele von uns fürchten sich vor der Liebe, weil wir Angst davor haben, zurückgewiesen zu werden. Oft bewerten wir andere anhand unserer zahlreichen Maßstäbe, anstatt sie mit Liebe zu nähren.

Heute können wir wählen, uns nicht in Versuchung führen zu lassen, bei anderen Menschen und bei uns selbst Meßlatten anzulegen. Das ist unser göttliches Erbe.

Alter ist eine Geisteshaltung.
Es kann eine Zahl sein,
die uns strikten Begrenzungen
und Einschränkungen
unterwirft,
es kann aber auch
bedeutungslos sein und uns
in keinster Weise eingrenzen.

Ich will mich daran erinnern,
daß ich in meinem Herzen immer
jung bleiben kann,
indem ich mir in meinem Herzen
das Staunen, die Neugier
und die Ehrfurcht
eines Kindes bewahre.

Wir wollen uns selbst daran erinnern, daß der Inhalt unseres Herzens und unserer Seele immer jung und alterslos im Geiste bleiben kann. Wir können anderen immer helfen und ihnen nützlich sein, gleichgültig, in welchem Zustand sich unser Körper befindet. Und wenn wir schon das Gefühl haben, wir müßten zählen, so wollen wir nur die Lachfältchen zählen und nicht die Falten des Alters.

Sind Sie der Meinung,
daß es besser wäre,
unlogisch zu sein und zu lieben,
als logisch zu sein und zu hassen?

Heute werde ich
Etiketten wie logisch und unlogisch
vergessen,
und ich werde die Liebe wählen.

Wir leben in einer Gesellschaft, die es liebt, Menschen zu kategorisieren. Wir müssen uns nicht kategorisieren lassen, und wir können es auch ablehnen, uns selbst zu kategorisieren. Liebe ist keine Kategorie. Sie ist alles, was es gibt.

Wenn wir statt unserer
Fußabdrücke
die Abdrücke unserer Herzen
aufeinander hinterlassen,
werden wir eine andere Welt
geschaffen haben.

Heute werde ich meine Zeit
damit verbringen,
mein Herz der Liebe und dem
Mitleid zu öffnen
und die sanften Abdrücke
meines Herzens auf andere
dadurch zu hinterlassen,
indem ich ihnen eine Umarmung
anbiete.

Wir leben in einer Welt, die oft mit Konkurrenz und Gier angefüllt zu sein scheint. Die Menschen scheinen häufig übereinander zu klettern, aufeinander zu treten und zu versuchen, an die Spitze zu gelangen, nur um herauszufinden, daß das, nach dem sie gesucht haben, dort nicht zu finden ist.

Wir wollen einander daran erinnern, daß Gott die Umarmung erfunden hat, um zwei Herzen zu einem werden zu lassen. Das Umarmen läßt Seelenverbindungen zu. Nur wenn unsere Herzen aus Angst vor der Liebe verschlossen sind, fangen wir an, aufeinander herumzutreten – und hinterlassen die Narben unserer Fußabdrücke. Es ist absolut erstaunlich und spektakulär, wie schnell eine Umarmung die alten Narben auflösen kann.

*Albern zu sein, zu kichern
und voller Freude zu sein,
ist ein grundsätzliches Zeichen
der Reife;
es zeigt, daß Sie das Kind
in sich
herauskommen und spielen lassen.*

Heute will ich bereit sein,
etwas zu tun,
was albern und unerhört ist,
und ich werde alle meine alten
Vorstellungen
darüber aufgeben,
was Reife sein
oder nicht sein könnte.

Wir leben in einer fremden Welt, die sich an fremde Überzeugungen zu klammern scheint. Wir glauben, je älter wir werden, desto ernster müßten wir werden, je älter wir werden, desto mehr Gewicht müßte auf unseren Schultern lasten. Wir glauben, daß der Alterungsprozeß mehr Sorgen mit sich bringen müßte. Wir glauben, daß es nur die Jungen sind, die sich den Luxus der Leichtherzigkeit erlauben können, und daß mit der Reife das Gewicht eines schweren Herzens einhergeht. Wir neigen sogar zu der Ansicht, Reife bedeute, genauer zu sein in der Entscheidung, wer schuldig und wer unschuldig ist.

Heute ist der Tag, die Tür zu unserem Herzen zu öffnen, und unser Kind herauskommen und spielen zu lassen.

Jeder von uns hat im
Heilungsprozeß der Welt
bedeutende, entscheidende und
gleichwertige Rollen
zu spielen.

Ich bin entschlossen,
ein sinnvolles Leben zu führen,
indem ich an jedem
einzelnen Tag etwas zur
Verbesserung der Welt beitrage.

Wir wollen erkennen, wie wichtig es ist, uns selbst jeden Tag zu fragen, was wir tun können, um mehr Liebe und Frieden in die Welt zu bringen. Wir wollen versuchen, das, was wir tun, nicht mit anderen zu vergleichen, und wir wollen daran denken, daß jedes Geschenk der Liebe die gleiche Bedeutung hat, gleichgültig, wie klein oder groß das Geschenk zu sein scheint.

Das Geheimnis inneren
und äußeren Erfolgs
liegt darin,
alle Menschen
wie uns selbst zu lieben.

Heute will ich alle Menschen so lieben wie mich selbst.

Es gibt viele unter uns, die zwar äußeren Erfolg erfahren haben, sich aber innerlich immer noch leer fühlen. Äußerer Erfolg wird oft durch die Motivation des Egos erlangt, etwas »zu bekommen«, und wir bleiben innerlich leer, weil wir uns nicht wahrhaft darauf konzentriert haben, anderen etwas mit unserem ganzen Herzen »zu geben«. Das ist in etwa so, als ob wir vorrangig um uns selbst besorgt wären und die Menschen um uns herum zu Objekten würden.

Heute wollen wir daran denken, daß das Geheimnis des inneren Erfolgs in der Fürsorge, der Hilfe und der Liebe zu anderen liegt – mit derselben Energie und Konzentration, die wir für uns selbst und unsere Familien aufbringen.

Dunkelheit tritt auf,
wenn wir die Angst der anderen
bezeugen,
während das Licht langsam
aufleuchtet,
wenn wir die Liebe der anderen
bezeugen.

Heute wähle ich,
ein Zeuge des Lichts
in anderen zu sein.

Wir entscheiden, welche Gedanken wir in unserem Kopf hegen. Wir entscheiden, was wir sehen und was wir erfahren. Wir wollen bereit sein, unsere alten »roboterartigen« Verhaltensweisen – auf die Angst anderer Menschen sofort ebenfalls mit Angst zu reagieren – zu verlernen. Heute wollen wir uns dafür entscheiden, spirituelle Visionen zu haben und Zeuge des Lichts der Liebe in anderen zu sein.

Die Weisheit der Natur
kann uns allen
die Antwort auf unsere täglichen
Probleme geben
und uns den Weg aufzeigen,
wie wir uns selbst heilen können.

Ich will mit den
lautlosen Vibrationen der Natur
verschmelzen,
indem ich einen Wert darin sehe,
aus meiner hastigen und geschäftigen
Welt zu entfliehen.

Wenn wir unsere Liebe zur Natur so wichtig machen wie das Atmen und das Essen, können wir dadurch den Ort der Stille in uns erfahren.

Wir werden eine umfassendere
Bedeutung
des Wortes Liebe finden
und erfahren,
wenn jeder,
dem wir begegnen,
für uns zu einem Lehrer
der Geduld wird.

Ich will mich selbst daran erinnern,
daß Geduld und Liebe
ein und dasselbe sind.

Hat Ihre Geduld Grenzen? Finden Sie es schwierig zu
warten? Führt Ihre Ungeduld zu einem Gefühl des ge-
rechten Ärgers? Wenn wir darin übereinstimmen, daß
Geduld und Liebe ein und dasselbe sind, dann wären wir
vielleicht bereit, jeden Menschen, dem wir begegnen,
bzw. jede Situation, in der wir uns befinden oder über die
wir nachdenken, für uns zu einem Lehrer der Geduld
werden zu lassen.

Ein gesundes Leben
zu führen
heißt,
ein einfaches und ausgeglichenes
Leben zu führen.

Heute will ich meinen Lebensstil
einer Prüfung unterziehen und
danach streben, Dinge zu ändern,
damit ich ein harmonischeres
Leben führen kann.

Ein Großteil unseres Streßes beruht auf der Tatsache, daß
wir für uns selbst äußerst komplexe Lebensstile geschaffen haben. Viele unserer Krankheiten werden durch Streß
verursacht. Ein Blick auf unseren Körper zeigt uns, daß
viele von uns schief herumlaufen. Viele von uns leben in
einer Zementwelt und haben ihre Verbindung mit den
Rhythmen der Erde verloren. Heute ist der Tag, unser
Leben zu vereinfachen und die Komplexitäten daraus zu
entfernen.

Die Welt liegt mit der
Butterseite nach oben,
wenn das Sein
so wichtig ist wie die Leistung.

Heute will ich still werden
und erkennen, daß Leistung
nichts damit zu tun hat,
wie sehr ich geliebt werde oder
wieviel Liebe
ich selbst geben kann.

In unserem natürlichen Zustand wird unsere Liebe immer größer und weiter. Unsere Gedanken sind ebenso
wichtig wie unsere Taten. Dies soll ein Tag des Lernens
sein, wie man einfach nur *sein* kann. Wir wollen daran
denken, daß Gott uns wegen unseres Wesenskerns liebt
und nicht dafür, was wir geleistet oder was wir nicht geleistet haben.

Das Hören
ist auch nicht annähernd
so wichtig wie
das Zuhören.

Heute will ich ein guter Zuhörer sein.

In Neuseeland haben wir einmal eine freiwillige Helferin getroffen. Unter ihrem Namen stand ein Wort, das alles über sie sagte: »Zuhörerin«. Sie war dort, um ihre bedingungslose Liebe durch Zuhören zu geben. Sie war nicht dort, um Ratschläge zu erteilen, ihre Meinung abzugeben, Urteile zu fällen oder andere zu ändern.

Heute wollen wir ein unsichtbares Zeichen mit der Aufschrift »Zuhörer« tragen.

In jedem von uns lebt
ein Kind,
das fortwährend genährt
werden muß.

Heute will ich mir Zeit nehmen, das ängstliche Kind in mir zu nähren und zu lieben.

Obwohl wir als unschuldige, glückliche Kinder auf die Welt kommen, dauert es bei den meisten von uns nicht allzu lange, bis wir erfahren, was es heißt, Angst zu haben. Viele von uns halten als Erwachsene das Bild dieses ängstlichen Kindes in ihrem Bewußtsein am Leben. Das ängstliche Kind ist vielleicht zurückgewiesen und mißbraucht worden, und es kann jederzeit wieder auftauchen. Wir sind diejenigen, die am besten geeignet sind, um das ängstliche Kind, das in uns ist, durch unser Bewußtsein und unsere Liebe und unsere Vergebung zu heilen. Wir wollen heute unsere Vorstellungskraft nutzen und das ängstliche Kind in uns mit Trost, Liebe und Mitleid eng an uns drücken.

Beziehungen scheitern,
wenn wir versuchen,
Drehbücher
für sie zu schreiben.

Ich werde jedesmal Frieden erfahren,
wenn ich das Drehbuch,
das ich für einen anderen Menschen
geschrieben habe,
zerreiße.

Unser Ego erzählt uns kontinuierlich, daß es unsere Aufgabe in einer Beziehung sei, den anderen Menschen zu verändern, damit er oder sie sich so verhält, daß es unsere Zustimmung findet. Also gehen wir durchs Leben und versuchen, andere zu verändern und enden wegen unseres Mangels an Erfolg frustriert und voller Konflikte. Wenn wir erwachen, erkennen wir, daß wir in dieser Welt sind, um einander zu lieben, nicht um einander zu verändern. Heute wollen wir uns sorgfältig beobachten, um zu sehen, ob wir für andere Drehbücher schreiben. Wenn wir dies tun, können wir sie zerreißen, denn wir wollen Frieden erfahren.

Es gäbe mehr Frieden
in der Welt,
wenn wir unsere Energie
dafür aufwenden würden,
um Zäune niederzureißen,
anstatt sie aufzurichten.

Heute bin ich bereit,
alle Schranken zwischen mir
und anderen aufzulösen.

Wir schaffen zwischen uns, anderen und unserer Quelle so viele Schranken. Jeder Gedanke an Schuld, Rache und berechtigten Ärger baut zwischen uns und anderen, zwischen uns und der Liebe eine Mauer auf. Schranken sind die Blockaden des Egos gegen die Liebe. Bill Thetford hat einmal gesagt: »Ein Wunder ist ein Wandel in der Wahrnehmung, der die Blockade entfernt, die unser Bewußtsein von der Gegenwart der Liebe trennt.« Das Wunder der Liebe wird dann erfahren, wenn wir unsere selbsterrichteten Blockaden niederreißen.

Häufig mästen wir
unseren Körper,
während wir unsere Seele
verhungern lassen.

Heute will ich mir dessen bewußt sein, mit was ich mich ernähre.

Die Quantität und die Qualität der Nahrung, die wir unserem Körper zuführen, reflektiert häufig die diversen Haltungen, die wir uns selbst gegenüber einnehmen. Manchmal bringen wir unseren Hunger durcheinander und halten den spirituellen Hunger für den Hunger nach Nahrung. Wir essen zuviel, weil wir zuwenig Liebe haben und weil die Liebe uns entflohen ist. Wenn wir unsere Seele mit Liebe und Dankbarkeit nähren, haben wir kein Bedürfnis danach, uns zu mästen.

Sind Sie bereit,
an jemanden zu denken,
dem Sie nicht vergeben haben,
und ihm heute zu vergeben?

Heute bin ich bereit,
mindestens einem Menschen
zu vergeben,
gegen den ich einen Groll hege.

Unsere Ego ist dickköpfig und sagt: »Was dieser Mensch
getan hat, ist unverzeihlich. Vergib ihm niemals, oder man
wird dir wieder weh tun.«

Unser Ego wird alles tun, um uns in Konflikt und Schmerz
zu halten, um uns von Frieden und Freude abzuhalten.
Wir haben immer die Wahl, ob wir der Stimme der Liebe
zuhören wollen, die zu uns von Liebe und Vergebung
spricht, oder der Stimme des Egos, die uns dazu anhält,
zu verurteilen und nicht zu vergeben. Wir wollen uns auf-
richtig verpflichten, heute mindestens einem Menschen
zu vergeben.

Ist es möglich,
daß mangelnde Entspannung
zu Krankheit führt?

Heute will ich daran denken,
daß meine unversöhnlichen Gedanken
die Wurzel meines Unwohlseins
sein könnten,
und ich will in der Vergebung
einen Wert sehen.

Wenn wir wählen, keine »Angriffs«-Gedanken mehr in unserem Bewußtsein zu hegen, werden wir ruhig und still, und wir hören auf, unseren Körper zu bestrafen. Wir können entspannt sein, ungeachtet dessen, was geschieht. Es gibt immer einen friedlichen Ort in unseren Herzen, wo wir uns ausruhen und ruhig sein können. Wir wollen heute unseren Körper nicht mit Ärger attackieren. Wir wollen nicht nur anderen vergeben, sondern auch uns selbst.

Aufzuwachen
heißt zu wissen,
daß der Frühling und die Sonne
immer in uns sind.

Heute will ich wie die Sonne sein,
und wohin immer ich auch gehe,
ich werde den Frühling
und die Sonne mit mir bringen.

In jedem von uns gibt es einen unbeugsamen Geist, der immer bereit ist zu blühen. Wir können für jeden, dem wir begegnen, wie ein Atemzug voll frischer Luft sein. Wir können vor Schönheit und Freude erblühen und die Energie einer neuen Geburt jenen Menschen bringen, die sich im kalten Winter der Isolation und Zurückweisung halb erfroren und halb tot fühlen. Wir wollen daran denken, daß der Frühling eine Einstellung ist, die die Wärme der Sonne und die Geburt einer Zeit neuen Wachstums widerspiegelt. Wir wollen jede Jahreszeit zum Frühling machen, der Jahreszeit der Liebe.

Wir fühlen uns schwach,
wenn wir denken,
wir hätten unsere Kraft
an andere abgegeben.

Heute will ich die Kraft
in mir
respektieren.

Wir leben in einer Welt, in der es leicht ist, unsere Kraft an Ärzte, Anwälte, Politiker, unseren Ehepartner, unsere Kinder, unsere Eltern und einer Menge anderer Menschen abzugeben. Die größte Kraft der Welt ist die Liebe, und die Kraft der Liebe lebt immer in uns. Wenn wir uns ängstlich fühlen, neigen wir dazu, die Kontrolle über unser Leben anderen zu geben, damit diese für uns die Entscheidungen fällen. Die Kraft, Entscheidungen zu treffen, liegt immer in uns.

Liebe
ist
die
Antwort.

Ich will daran denken,
daß die Liebe
die Antwort auf all meine
Probleme ist.

Gleichgültig, wie die Frage lautet, Liebe ist die Antwort.
Gleichgültig, was für Schmerzen oder welche Krankheiten wir haben, Liebe ist die Antwort. Gleichgültig, welchen Verlust wir erlitten haben, Liebe ist die Antwort.
Gleichgültig, wovor wir uns fürchten, Liebe ist die Antwort.

Wach zu sein
heißt,
jeden und alles
mit neuen Augen zu sehen.

Heute will ich alles, was ich sehe, so betrachten, als ob ich es niemals zuvor gesehen hätte.

Wir wollen einander helfen, völlig lebendig zu sein, indem wir uns gegenseitig und die Natur mit dem Gefühl der Entdeckung und der Frische betrachten, das immer dann auftritt, wenn es uns wie das allererste Mal vorkommt. Wir wollen dem Vergleichen widerstehen und die Frische der kreativen Schönheit in allem sehen, was wir wahrnehmen.

Fühlen Sie sich ekstatisch? Schlägt Ihr Herz richtig schnell und bis zum Hals? Sind Sie voller Ehrfurcht und haben Sie am ganzen Körper Gänsehaut? Sind Ihre Augen vor Verwunderung weit geöffnet? Wenn Sie all diese Dinge aus dem einfachen Grund erleben, weil Sie ein Unkraut ansehen, dann sind Sie im Begriff aufzuwachen.

Wenn Sie aus Leidenschaft
voll Mitgefühl sind,
wird Ihre Liebe niemals
rationiert sein.

Heute gilt meine brennende
Leidenschaft,
Mitgefühl mit allem Leben zu haben.

Wenn wir wach sind, so ist uns bewußt, daß ein lei-
denschaftliches Feuer des Mitgefühls in unseren Herzen
brennt, das niemals verlöschen kann. Wenn wir alle Lat-
tenzäune um unsere Herzen niederreißen, werden wir
herausfinden, daß mitfühlend und einfühlsam zu sein unser natürlicher Seinszustand ist.

Zu erwachen
heißt
zu wissen, daß alles
vergänglich ist außer
Gottes Liebe.

Heute will ich daran denken, daß nur Gottes Liebe ewig währt.

Die Welt, die von dem begrenzt ist, was wir mit unseren Augen sehen, ist eine Welt der sich beständig ändernden Formen.

Es ist Teil unserer Illusion. Wir können uns an die Daumenregel halten, die besagt, daß alles, was sich verändert, zur Welt des Egos gehört, in der sich alles verändert, und daß das, was sich nicht verändert, zur Welt der Liebe gehört. Wahre Liebe währt ewig, sie ist nicht vergänglich. Sind wir schon bereit, darüber nachzudenken, daß es in der wahren Welt der Liebe keine Vergangenheit und keine Zukunft gibt, nur das ewige Jetzt? Der Inhalt der wirklichen Welt ist Liebe ohne Form, eine Liebe, die stetig und ohne Ende ist.

Wir können
freudig auf Zehenspitzen
durchs Leben gehen,
wenn wir wissen, daß die Welt,
die wir mit unseren Augen sehen,
nur ein Traum ist.

Heute bin ich bereit, aufzuwachen
und die Welt,
die ich mit meinen Augen sehe,
nur als Traum zu betrachten.

Unser enger Freund, der Autor Hugh Prather, hat einmal gesagt, das vielleicht heiligste Lied, das jemals geschrieben wurde, sei: »*Row, Row, Row your boat, gently down the stream. Merrily, merrily, merrily, merrily, life is but a dream*«. (Rudere dein Boot sanft den Fluß hinab, voller Freude, denn das Leben ist nur ein Traum).

Wir sind der gleichen Ansicht wie Hugh. Heute wollen wir uns zusammentun und unseren eigenen Weckruf anstimmen: »*Row, Row, Row your boat, gently down the stream. Merrily, merrily, merrily, merrily, life is but a dream*«.

Für das Ego ist das Leben
ein Versteckspiel.
Wir verstecken die Liebe,
die immer in uns ist,
vor uns selbst,
und dann versuchen wir,
sie außerhalb unserer selbst
zu finden,
wo wir sie
niemals
finden können.

Heute wähle ich die Bereitschaft
zu glauben,
daß jeder Aspekt meines Wesens
voll und übervoll
von der Fülle der Liebe ist.

Wir müssen nicht länger an einen Mangel an Liebe und Geistigkeit in uns selbst glauben. Als Liebe und als Teil dessen, was uns erschuf, können wir wissen, daß wir alles in uns haben, was wir brauchen, um uns glücklich zu machen.

Das »Warum« der Vergangenheit
ist nicht so wichtig
wie das »Was«
der Gegenwart.

Heute will ich all meine
»Warum«-Fragen loslassen,
und ich will ohne Ende die
»Was«-Frage stellen:
»Was kann ich tun, um anderen
mehr zu helfen,
um andere mehr zu lieben?«

Die »Warum«-Fragen halten uns für gewöhnlich in der intellektuellen Analyse der Vergangenheit gefangen. Das macht es sehr schwierig für uns, Liebe zu erfahren. Der Kern des Lebens liegt im gegenwärtigen Augenblick – und vielleicht lautet die hilfreichste und herausforderndste Frage, die wir uns selbst stellen können: »Was kann ich tun, um anderen heute mehr Gemeinschaftlichkeit, Hilfe und Liebe entgegenzubringen?«

Vielleicht
haben junge Hunde
deshalb niemals
Rückenschmerzen,
weil sie immerzu
mit dem Schwanz
wedeln.

Heute werde ich glücklich mit dem Schwanz wedeln, anstatt ihn zu jagen.

Von jungen Hunden können wir alle eine Menge lernen. Sie wissen, daß sie hier sind, um glücklich zu sein. Sie wedeln die ganze Zeit glücklich mit dem Schwanz, und dieses Schwanzwedeln wird schneller, wenn man sie in den Arm nimmt. Anstatt heute unseren Schwänzen durch das Leben hinterherzujagen, wollen wir uns lieber zusammentun und mit unseren Schwänzen wedeln. Wenn wir alle mit dem Schwanz wedeln, bekommen wir vielleicht keine Rückenschmerzen mehr.

*Wir werden an unsere Ganzheit
erinnert,
wenn Liebe und Vergebung
zu einem nie-endenden Prozeß
werden.*

Ich will heute durch meine Liebe und Vergebung Ganzheit erfahren.

Unser Ego sagt uns: »Du kannst nicht jeden Menschen lieben. Einige Menschen tun Dinge, die einfach unverzeihlich sind.« Unser Ego redet uns auch ein, daß wir nicht vergeben sollen.

Der Weg zum Frieden führt nicht darüber, dem Ego zuzuhören, sondern der Stimme der Liebe. Sie sagt uns, wo wir den Frieden Gottes finden. Niemand kann von unserer Liebe und Vergebung ausgeschlossen werden. Da die meisten von uns dickköpfige Egos besitzen, müssen Liebe und Vergebung zu einem unaufhörlichen Prozeß werden.

Wenn wir nicht mehr verurteilen,
dann gibt es nicht länger
ein Bedürfnis
nach Vergebung.

Heute will ich meinen Beitrag
zur Welt leisten,
indem ich mir selbst und
anderen vergebe.

Wenn wir der Welt vergeben, so kann das, was wir mit
unseren Augen sehen, völlig verwandelt werden in ein
Licht, dessen Helligkeit und Schönheit jenseits unserer
Vorstellungskraft liegt. Wir müssen den Wert sehen, der
darin liegt, unserer religiösen Erziehung oder unserem
Mangel an einer solchen Erziehung zu vergeben; unseren
überalterten Vorstellungen von Gott, der Welt und allem,
was darin ist, zu vergeben. Wir können uns wieder ganz-
heitlich, vereint und eins mit allem und allen fühlen.

Ihre Seele
verlangt danach,
Ihr
Erwachen
zu begrüßen.

Heute will ich für den Geist in mir offen sein.

Heute wollen wir die Freude spüren, die dann entsteht, wenn wir uns dem Geist in uns öffnen. Wir wollen zusammen das Leben feiern, während wir auf den Schwingen der Liebe in Höhen reiten, die keine Grenzen kennen – auf der sicheren Reise nach Hause.

EPILOG

Möge der innere Wecker,
den es in jedem von uns gibt, weiterhin
jeden Tag, jede Stunde, jede Minute und jede Sekunde
laut und deutlich läuten, damit wir erwachen
für die Größe, die Schönheit und die Kraft der Liebe,
die in jedem von uns wohnt.

Die Zitate aus *A Course in Miracles*

Deutsche Ausgabe: *Ein Kurs in Wundern*
Greuthof Verlag und Vertrieb GmbH,
79261 Gutach i. Br., Tel. 0 76 81 - 60 25, Fax 0 76 81 - 60 27

Ich habe gesagt, daß du nur zwei Gefühle hast:
Liebe und Angst.
(T-13. V. 1:1)

Du hast nur zwei Gefühle.
(T-13. V. 1:1)

Ich bin verantwortlich für das, was ich sehe.
Ich wähle die Gefühle, die ich erfahre.
(T-21. II. 2:3+4)

Die Wahrnehmung ist ein Spiegel, keine Tatsache.
(Ü-II. 304. 1:3)

Ich rege mich niemals aus dem Grund auf, den ich meine.
(Ü-I. 5. Tit.)

Ich bin kein Körper. Ich bin frei.
Denn ich bin nach wie vor, wie Gott mich schuf.
(Ü-I. Rev. VI. 3:3-5)

Ich will die Liebe heute nicht fürchten.
(Ü-II. 282. Tit.)

Persönliche Notizen

Persönliche Notizen

Persönliche Notizen

Persönliche Notizen

Persönliche Notizen

Wahre Kraft kommt von Innen

»Jeder von uns trägt in sich die Unendliche Weisheit, die fähig ist, unserem Leben die größtmögliche Vollkommenheit zu geben. Indem wir lernen, dieser inneren Weisheit zu vertrauen, können wir Veränderungen in unserem Alltag herbeiführen. Denken Sie daran, daß der erste und wichtigste Schritt zum Heilwerden darin besteht, sich des Bedürfnisses nach Veränderung bewußt zu werden. Bewußtheit ermöglicht es Ihnen, mit der Zeit Ihre innere Schönheit, Liebe und Kraft zu entdecken.«

Louise L. Hay

Louise L. Hay erweitert und vertieft in diesem neuesten Buch ihre Philosophie der »Liebe zum Selbst« und zeigt Ihnen, wie Sie emotionale Barrieren überwinden, indem Sie:

- Lernen, Ihrer inneren Stimme zuzuhören und zu vertrauen;
- das Kind in Ihnen lieben;
- Ihre wirklichen Gefühle zum Vorschein kommen lassen;
- Ihrer Verantwortung als Eltern gerecht werden;
- sich von Ihrer Furcht vor dem Älterwerden lösen;
- es sich gestatten, Wohlstand zu erlangen;
- Ihre Kreativität ausdrücken;
- eine ökologisch vernünftige Welt erschaffen, in der man einander gefahrlos lieben kann;
- für persönliche und planetare Heilung meditieren;
- und vieles mehr.

»Louise L. Hay verdankt ihre immense und wohlverdiente Popularität ihrem Mut. Lange vor allen anderen war sie mutig genug zu sagen, daß keine Krankheit unüberwindlich ist, aufgrund unserer Fähigkeit, das Leben von innen aufzufüllen. Die medizinische Wissenschaft erhärtet langsam ihre Intuition über die Kraft des Heilens, die sie so herrlich in ihrem neuen Buch aufzeigt.«
Dr. Deepak Chopra, Autor von *Die heilende Kraft*.

256 Seiten · gebunden · DM 33,– · ISBN 3-925898-13-1

Herzensweisheiten Louise L. Hay

Hast Du Probleme mit Karriere, Intimität, Gesundheit, Geld, Furcht, Abhängigkeit . . . oder gibt es irgend etwas anderes, was Dir in Deinem Alltag Schwierigkeiten macht?
Louise L. Hay hat sorgfältig ihre liebsten Lösungsvorschläge, Meditationen und Affirmationen in diesem Buch HERZENS-WEISHEITEN zusammengestellt, um Dir zu helfen, die Probleme, die Dich bedrücken, auszusprechen und zu lernen, von ihnen loszulassen. Beim Lesen wirst Du die Freude, die Ruhe und die Liebe spüren, die von jedem Wort, jedem Gedanken und jedem Ausdruck von Louise Hay ausstrahlt. Ein schöner Geschenkband.

245 Seiten · gebunden · DM 32,- · ISBN 3-925898-08-5

Ein Garten aus Gedanken

– Mein Affirmationstagebuch – **Louise L. Hay**

Dieses Buch soll Dir eine Anregung sein und ein einladendes Betätigungsfeld für Deine schöpferischen Gedanken bieten, wenn Du beginnst, Dich mit Deiner Fähigkeit des Selbstausdrucks zu beschäftigen. Louise Hay's Affirmationen (= positive Bekräftigungssätze) können Dir dabei als Impulse dienen, die eigene Gedanken, Empfindungen und persönliche Affirmationen auslösen. Jede Seite hat eine oder mehrere Affirmationen und dann viel Raum zum Schreiben oder Malen. Ein schönes Geschenk der Bestsellerautorin Louise L. Hay.

132 Seiten · kartoniert · DM 22,- · ISBN 3-925898-12-3

. . . wege zu Gott – leben aus der Liebe . . .

Herausgeber: Benjamin Shield und Dr. Richard Carlson

. . . wege zu Gott – leben aus der Liebe . . . ist eine herrliche Sammlung neuer Beiträge, die die spirituelle Renaissance des ausgehenden zwanzigsten Jahrhunderts wiederspiegelt. Shield und Carlson, die Herausgeber, haben mit diesen sechsundzwanzig Essays eine reiche Vielfalt spiritueller Weisheit zusammengetragen. Bekannte Persönlichkeiten der ganzen Welt äußern sich über ihre persönliche Beziehung zu Gott; sie bieten Denkanstöße und geistige Nahrung für das innere Wachstum. Mit Beiträgen von: **Dalai Lama, Mutter Theresa, Thich Nhat Hanh, Ken Keyes Jr., David Steindl-Rast, Shakti Gawain, Brooke Medicine Eagle, Matthew Fox, Anne Wilson Schaef, Jean Shinoda Bolen, Sri Kriyananda u.a. Mit einem Geleitwort von G. Jampolsky.**

192 Seiten · kartoniert · DM 28,- · ISBN 3-925898-10-7

TRANSFORMATION durch HUNA

S Der tadt-Schamane

Serge Kahili King verbindet in einzigartiger Weise den westlich-wissenschaftlichen Weg (Doktortitel der Psychologie von der California Western University) mit dem traditionellen hawaiianischen Schamanenweg, in dessen Tradition er aufwuchs und zum Schamanistischen Meister initiiert wude. Er bildete in seinen Seminaren in der ganzen Welt Tausende im Schamanismus aus. Er lebt mit seiner Familie auf Kauai, Hawaii.

Der Titel dieses Buches lautet – *Der Stadt-Schamane.* Obgleich der Begriff Schamanismus gewöhnlich an ländliche Gegenden oder Wildnis denken läßt, ist seine Ausübung auch im städtischen Bereich sowohl natürlich als auch notwendig. Erstens ist der Schamane vor allem ein Heiler, unabhängig vom kulturellen oder geographischen Umfeld. Zweitens leben heutzutage mehr Menschen in Städten und Ballungsräumen als auf dem Lande, und sie sind es, die der Heilung am meisten bedürfen.

Im ersten, praktischen Handbuch zur Anwendung dieser uralten Heilkunst in unserem modernen Leben erfahren Sie, wie Sie:

- Ihre Träume deuten und verändern;
- sich selbst, Ihre Beziehungen und Ihre Umgebung heilen;
- kraftvolle Rituale aufbauen und durchführen;
- Einstellungsänderungen erreichen;
- auf innere Visionssuche gehen und
- andere Wirklichkeiten aufsuchen können.

ISBN 3-925898-15-8, gebunden, 264 Seiten DM 33,–

„Dieses schöne, nützliche Buch enthüllt profundes Wissen über unsere Beziehung zur Natur und zum Universum. Ich ließ mich von diesen Weisheits-Prinzipien inspirieren, die ein Licht auf unserem Weg durchs Leben sein können."
Dan Millman, Autor von „Der Pfad des friedvollen Kriegers"

KONFLIKTLÖSUNG

Krieger des Herzens

1971 verließ *Danaan Parry* seine renommierte Position als Atomphysiker in der *Atomic Energy Commission* und wurde Klinischer Psychologe. Während eines Schamanentrainings auf Kauai/Hawaii hatte er 1976 eine Beinahe-Todeserfahrung, die zu einem Jahr in völliger Isolation führte. Er kehrte zurück und gründete eine spirituelle, einfach lebende Gemeinschaft in Kalifornien. In den Jahren darauf arbeitete er mit Mutter Teresa in Bombay und bekam dort den Anstoß, sein Gefühl des inneren Friedens in die Welt zu tragen. Er gründete das *Earthstewards Network*, ein internationales Netzwerk von Leuten, die sich zur Aufgabe gemacht haben, durch tiefgehende Konfliktlösearbeit positive Veränderungen in der Welt zu bewirken. Neben seiner internationalen Seminartätigkeit wird Danaan Parry als „Krisenmanager" in viele Gebiete der Erde gerufen.

Es entwickelt sich gerade eine neue Art Mensch – Frauen und Männer, die das Wesen des friedlichen Kriegers in ihre Beziehungen, in ihre Arbeit, in jeden Aspekt ihres Lebens tragen. Ihr Leben wird besser funktionieren und setzt Kräfte frei, diese Welt positiv zu verändern. Es ist an der Zeit, diese Fähigkeiten zu erlernen und das Bewußtsein zu entwickeln, daß Sie jemand sind, der positive Veränderungen bewirken kann. Je mehr es von uns gibt, desto schneller wird die Verwandlung der Welt gehen.

Dieses Buch handelt davon, genau dies zu lernen! *Krieger des Herzens* wird Ihnen helfen, wo immer Sie Ihre Kommunikation verbessern und Ihre Ängste und Konflikte verringern wollen:
● mit Ihrem Partner
● mit Ihrer Familie
● mit Ihren Arbeitskollegen und
● mit allen sonstigen Gruppen
Und weil Sie mit allem in enger Verbundenheit stehen, wird die Verringerung der Konflikte in Ihrem eigenen Leben die Spannung auf unserem Planeten verringern.

KRIEGER DES HERZENS

Eine Schulung
zur friedlichen Konfliktlösung

ISBN 3-925898-16-6, gebunden,
224 Seiten DM 28,–

Vimala Thakar

Am Ufer des Lebens

Vimala Thakar ist eine soziale Aktivistin im Geiste von Gandhi und eine spirituelle Lehrerin inspiriert von Krishnamurti. Sie tritt nicht für eine Flucht aus der Gesellschaft ein, sondern befürwortet das Annehmen der Gesellschaft und aller Herausforderungen des täglichen Lebens mit Frische, Furchtlosigkeit und Mitgefühl. Mit dieser Lebenseinstellung hat sie Tausenden von Menschen geholfen, inneren Frieden und Lebensfreude zu finden. Ein Schatz voller Einsichten und Inspiration. Aus dem Inhalt: Stille, Dialog, Meditation, Gewahrsein, Beobachtung, Religiöses Suchen, Innere Ordnung.

Jede Seite dieses schönen Geschenkbandes, ist mit einem unterschiedlichen Zeichen versehen und gestaltet.

120 Seiten · kartoniert DM 22.–
ISBN 3-925898-11-5

——————— Beobachtung ———————

Wo
beginnt
die Schwerarbeit,
jedem Tag,
jeder Beziehung
aufmerksam zu begegnen?

Sie fängt an   wir sehen unser Leben,
mit dem Beobachten;   wie es tatsächlich ist.

Die Blumen und die Bäume zu beobachten, ist einfach. Den Strom der Gedanken zu beobachten, während man in der Stille ruht, ist nicht schwer. Aber die Bewegung und Richtung des Denkens zu beobachten, während man aktiv lebt und arbeitet, erfordert viel Energie, große Sensitivität und Wachheit.

——————— Beobachtung ———————

Beginne,

das   der   in deinem
Wechselspiel   Emotionen   täglichen Leben

zu beobachten.

Du beobachtest, daß du neidisch bist. Du siehst eine Person, die reicher ist als du, und du fühlst dich neidisch – nicht weil er oder sie reich ist, sondern weil du dich arm fühlst. Du siehst eine Person, die schöner ist also du, und dein Neid steigt von neuem empor. Doch dein Fühlen hat wenig zu tun mit der anderen Person. Es entspringt aus der Unzufriedenheit mit der Realität deines eigenen Lebens. Neid ist kein Gefühl, das gegen andere gerichtet ist, sondern es ist ein Gefühl gegen dich selbst. Solch ein Gefühl kommt auf, wenn du dich nicht mit dem versöhnst, was du bist.